U0073247

0.1%的祕密

「微習慣的力量」

【習慣專家】佐藤傳

前言

0.1%的祕密——「微習慣」的破壞力

劈頭就先問大家一個問題。

如果你必須吃完一整頭大象，你會怎麼吃？條件是，一個人吃完一整頭大象。

或許會有人覺得這是個無解的難題，不相信自己能夠吃完整頭大象。

不過，有些人卻會想到很多種答案。

其實答案無他，就是「一口一口慢慢吃」。人類能吃進嘴巴的量，最多就是一口的份量，所以只能持之以恆地慢慢吃，沒有別的方法。這個問題給了我們一個極大的提示。不管是多麼了不起的豐功偉業，也不管是多麼艱鉅的困難，我們能做的就是一點一滴地做下去。說得專業一點，就是**「像小寶寶學走路一樣，一步一腳印地前進與突破」**，因為像嬰兒學步般走下去，具有粉碎高牆的破壞力。

我們需要的是，今天比昨天成長0.1%，然後堅持下去。就算下定決心告訴自己「每天要讀英文兩個小時」，也有可能在明天或是幾天之後，就因為「身體狀況不佳」或是「加班加不完」而打退堂鼓。

比起這種好高騖遠的心態，更重要的是**持續讓自己以0.1%的幅度成長**。「今天早上醒來的心情，感覺比昨天起床的時候更好」、「今天做了一些伸展操，所以覺得身體比昨天更柔軟」、「今天讀了五分鐘的英文」、「今天寫了一行日記」，大致上就是這種程度的進步。

老實說，若單就一天來看，這些都是可有可無，沒有半點影響的成長，但重點在於讓這些進步成為一種習慣。**就算只有0.1%的成長，在六百九十四天之後，就會茁壯為兩倍的成長。這就是潛藏於習慣的「祕密之力」**。

每天成長一點點就夠了。每天一點點、一點點，這一點點將成為讓人生改變的原動力。話不多說，就立刻在你的人生安裝這種這種微成長習慣吧！

【習慣專家】佐藤傳

我是發現電視台的特派員小花！
今天來到佐藤傳老師的早晨咖啡廳現場！
啪
現場直播 熱門早晨咖啡廳
大家早安！
LIVE
提到佐藤傳老師，就會想到他是白手起家的行動習慣專家，
以及知名的百萬暢銷作家。
著作〇〇本
今天為了採訪老師，來到這間超受歡迎的早晨咖啡廳……
會是什麼光景呢
嘿
早安！
早安！
早安！
早安！
大家好有活力啊！
今天也請多多指教了……
嗯？
鏘鏘
初次見面，我是佐藤傳。
請叫我阿傳就好！
好耀眼啊！
阿傳老師一進來，整個房間都亮了起來！
房間的氣氛煥然一新！

聽說老師這三十年來，都在教導孩子學習的祕訣對嗎？
是喲
哦
遇見某個拒絕上學的小學生之後，
在公園一起讀書
大學時代的老師
就創立了補習班，
多虧那個補習班，我家孩子才愛上讀書……
聽說那間補習班超厲害的，很多名人與政治家的小孩都在那邊上課！
我也讓我家小孩去看看好了！
口碑慢慢傳開
在補習班教了三十年
遇見了各種孩子。
有人知道這題的答案嗎？
我
我
從普通的小孩
變成企業老闆
亮晶晶
來補習班的時候很會讀書
卻裹足不前的人
有些孩子在成為大人之後還繼續成長，
有些孩子雖然一開始很會讀書，之後卻沒什麼成長。
兩者有什麼不同呢？
答案就是有沒有持續實踐學習方法而已吧。
習慣
也就是有沒有讓學習成為「習慣」。
您是說習慣嗎？
之後有人要求我以成人為對象教學，所以便開始指導大人。
我有事想請教
可以幫幫我嗎
樂意之至
所以才開了這間早晨咖啡廳！
就是這樣！
嗯
嗯

我現在從事的是企畫工作。
我也是早晨咖啡廳的成員喲
妳好！
現在這份工作做了三年，但一直沒什麼成長，
所以來參加早晨咖啡廳。
請多指教
不客氣！
我聽阿傳老師的建議，
換掉用了很久的手帳跟包包。
唷，沒想到現在有這麼多種啊！
手帳專區
換掉手帳跟包包嗎？
一開始我也是半信半疑。
在阿傳老師的建議之下，
我看了很多種手帳，也因此發現很多規劃時間與工作的方法。
可以趁著這塊空檔
寫謝卡啊
沒錯，因為沒有非這麼做不可的事情，會這樣只是一種先入為主的觀念。
真的是這樣啊
包包也是一樣，上班族的包包就是「移動書房」！
真的是！
對啊 對啊！！
我現在是自己創業的老闆。
探頭
原本早上都爬不起來。
在阿傳老師的建議之下，我養成了一起床就沖澡的習慣。
您是說沖澡？
在沖澡的時候，試著說出自己的夢想。
我要讓我的公司上市！
說出自己的夢想就是一種自我暗示。
也就是「affirmation」對吧，阿傳老師
哇！
沒錯！你記得真清楚！
因為平常很難把夢想說出口啊。

大家都養成了各種「習慣」呢～
人生也都改變了！
對啊
話說回來，有人說習慣只要三週就能改變對吧……
妳問到重點了
的確，行動只需要三週就能改變。
要常說感謝
行動只要3週就改變
但是要改變思考的盲點需要三個月。
危機就是轉機！
危機！
思考要3個月
要改變情緒化的缺點則需要三年。
原來如此
情緒要3年
是危機耶！太棒了！我要加油！
只要能做到這一步，人生就會改變喲
而且最重要的就是，
是什麼呢？
請告訴我！
如果因為成功而變得不幸就糟了。
從現在開始一起學習掌握快樂與成功的「習慣」吧！
Happy Success
透過成功變得幸福，也就是快樂的成功！
拜託老師了！

微習慣的力量◉目錄

PART 1 成功人士的「內心」習慣

PART 2

成功人士的「金錢」習慣

PART 3

成功人士「累積好運」的習慣

PART 4

成功人士拓展「人際關係」的習慣

PART 5

成功人士的「早晨」習慣

PART 6

成功人士的「早晨寫日記」習慣

PART 7

成功人士的「夜間」習慣

PART 8

成功人士的「思考」習慣

PART 9

成功人士的「工作」習慣

PART 10

成功人士的「學習」習慣

PART 11

成功人士的「筆記」習慣

PART 1

成功人士的「內心」習慣

讓自己的內心慢慢茁壯，就能自在地度過每一天，
也等於親手抓住了快樂。

01

進行讓內心變得強大的「快樂訓練」

要讓腦筋變得靈活，需要「大腦訓練」；要讓身體變得結實，需要「重量訓練」。那麼要讓內心變得強大，就需要「快樂訓練」，心情也能透過訓練改變。

大腦訓練一詞，已出現十年以上。當初的熱潮不僅未曾減退，甚至還因為腦科學的日新月異，而出現了各種大腦訓練，這類訓練也完全滲透人們的日常生活。

重量訓練也是相同的情況。早期只有運動員或是體育社團的人才會重視重量訓練，如今不管是上班族還是老人家，也都有重量訓練的習慣。

相較於上述的大腦訓練或重量訓練，「快樂訓練」還不太普及，但我一直認為，**快樂訓練是人生最重要的訓練**。這是為什麼呢？

內心可透過「快樂訓練」變得強大

「我想在夏威夷擁有別墅。」

「我想跟心中的白馬王子結婚。」

之所以會有這類夢想，是因為「一旦夢想成真，就能變得快樂」。換言之，**人生的目標就是「開心地」活著**。就算在夏威夷擁有別墅，如果每天都承受著極大的壓力，恐怕也是毫無意義可言。就算房子不大，但每天都很開心，才算是擁有好人生對吧？所以本章要介紹讓內心變得強大的「快樂訓練」。

人生最重要的就是開心地活著。

02

養成每天過得很快樂的「心理習慣」

就算遇到討厭的事情，
也可以想想看這件事背後的意義。

重點在於能否覺得身邊的大小事很「愉快」、「很有趣」，也就是**養成每天過得很快樂的「心理習慣」**。

要養成這種習慣是有祕訣的，那就是**解讀「每件事背後的意義」**。

「被放鴿子。」

「趕時間的時候遇上塞車。」

讓內心充滿「愉悅」的習慣

重視「自己擁有的一切」。

體會「幸福就藏在心中」這件事。

讓「好幸運」、「真開心」、「謝謝」變成口頭禪。

比起「過去」與「未來」，更重視「當下」。

時時記得「我們只有讓人生變得快樂的時間」。

人生就是一場充滿愉悅的實驗，盡情地嘗試各種事物。

也就是在這種時候**思考這些事情背後的意義**。「神啊，祢到底希望我怎麼做？」只要能這麼想，就能發覺這些困難帶來的益處。

如果能在遇到麻煩時告訴自己：「嘿，又是一個新訊息耶！」就能立刻切換心態，讓自己微笑以對。

當我們時時將微笑掛在臉上，那些讓人會心一笑的幸運也會跟著降臨。

不管發生什麼事情，都能從中找到正面的意義！

03

是感到雀躍還是煩躁，全由自己決定

「感受」比「思考」重要。
感到「快樂」與「幸福」將使人採取行動。

如果一早起床，發現窗外正在下雨，你會有什麼感覺？是會覺得「下雨好煩」？還是覺得「怎麼那麼幸運，居然在下雨」呢？每個人的感受不盡相同。明明事實只有一個，感受卻有兩種。**即使是同一件事，感受也很兩極**。有鑑於此，提倡「正面思考」的「思考術」也因此普及，但其實更為重要的是「感受」，因為**每個人都是「先感受，再思考，最後才採取行動」**。換言之，在採取行動之前會先思考，而在思考之前，已經先有所感受，所以讓我們將重點放在「感受」吧。

所謂的習慣就是「心理、大腦與身體的傾向」

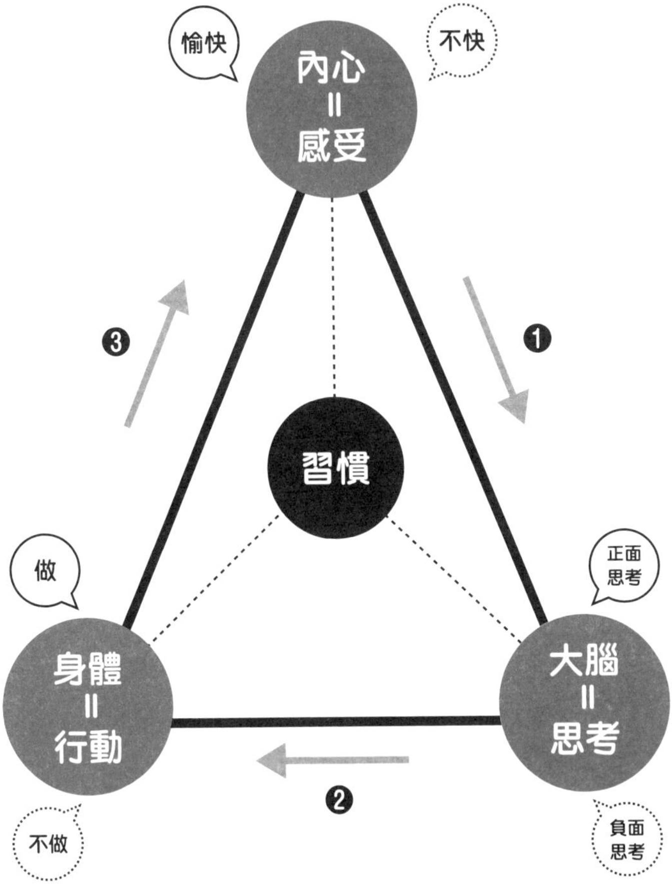

感到愉快就能變得樂觀，
也能採取行動，掌握幸福。

04

思考變得負面時，就多說正面的話

負面思考容易無限增殖。這時候就要多說正面的話，改變思考的方向。

有研究指出，我們一天大概要思考五千件事情。只要想到某件事情，就會想到其他的事情、以前的事情或是其他類似的事情，思考就像是一張朝向四面八方無盡延伸的網子。

其中更值得注意的是，**有九成的想法都是悲觀的**。

換言之，一整天下來，負面思考會有四千五百次之多，但正面思考卻只有五百次。

負面思考有無限增殖的特徵。

一旦往負面的方向思考，負面思考就會以加速度的曲線不斷增加。

要避免這種情況是有祕訣的。

那就是**一旦往負面的方向思考，就要多說正面的話**。

「比起胡思亂想，還不如先做再說。」

「沒問題，只要說出口就不難了解。」

試著對自己說上述這些話。

只要對著自己說正面的詞彙，就能避免負面思考無限增殖。

每個人都很容易陷入負面思考。要時時提醒自己，多說正面的話語。

05

人生不是筆直的康莊大道，而是蜿蜒的羊腸小徑

越來越多人患上心理疾病。這全是因為將人生想像成「不斷直線上漲」的圖表。

生病、失戀、公司倒閉……人生當然有走下坡的時候，但如果總是想得太美好，覺得人生就該一路往上提升，那麼只要稍微走下坡，就會變得很沮喪。

建議大家將人生想像成轉個不停的螺旋，**雖然偶爾會往下沉，卻是往上浮昇的動力**。

將人生想像成某種螺旋，就會發現**那些你眼中的敵人，其實是你的貴人**。沒有人的人生會是筆直的康莊大道。

從直線心態換成螺旋心態

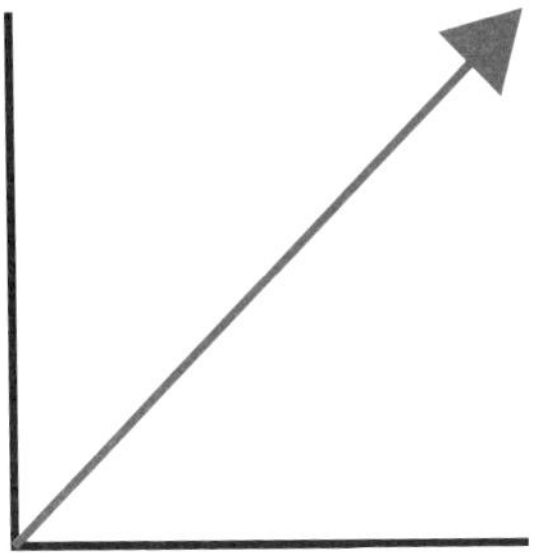

換成螺旋心態之後，
就不會因為成長
趨緩而沮喪！

一邊畫出圓弧，
一邊讓身邊的人跟著自己成長吧。

06

替自己打個○

別老是挑自己毛病！
接受自己，活出自我吧。

我們很常挑自己毛病，對自己打×。
這純粹是因為大部分的人都覺得，只要彌補不足之處就能得到幸福。
但是，若總是替自己打×，長此以往，會覺得自己是不被社會需要的人。
每個人都希望得到別人的認同，希望得到○而不是×，希望變得更充實，更幸福。

不過，如果總是渴望別人的○，就會越來越在意別人的看法，別人的意見也會變得比自己的意見更加重要，我們必須警惕這點。

重點在於為自己打○。只要做得到這點，就不會再在意別人眼中的自己，也能活出屬於自己的精彩。

為了做到這點，請大家站在全身鏡前面，輕聲地對著自己說：「我就是我，我喜歡現在的自己。」

只要知道現在的自己很好，完全不需要裝腔作勢的話，應該就能接納自己。

替自己打個○，喜歡上最真實的自己吧。

07

該多說的是「謝謝」，而不是「不好意思」

有人幫自己開門的時候，是不是很常不自覺地說「不好意思」呢？許多人把「不好意思」這句話當成「謝謝」使用，但這個習慣會對內心造成負面影響。因為長此以往，會讓我們誤以為「自己老是犯錯」。

反之，**多說「謝謝」會讓我們深深覺得「很幸運」、「總是遇到值得感謝的事情」**，自我認同感也會跟著提升。

多說感謝的話，養成正面思考的習慣。

08 讀書可獲得自由

我們都是在體驗各種事物的過程中成長，但個人的經驗極其有限。此時能助我們一臂之力的就是「讀書」。透過書籍，我們能以區區幾百元買到作者經年累月累積的經驗與智慧，**光是讀書，就能體會不同的人生，也能讓我們加速成長**。

從成功人士的自傳得到突破困難的提示，從住在海的另一邊的人的生活，學會放下固執的方法。讀書能拓展人生的視野，讓內心瞬間變得輕鬆。

書是最棒的家庭教師。能從中得到各種靈感與觀點。

PART

1

成功人士的「內心」習慣　總結

- 帶著好心情過日子 18頁
- 遇到事情時往正面思考 20頁
- 重視感受更甚於思考 22頁
- 落陷入沮喪時，多說正面的話語 24頁
- 將人生視為螺旋 26頁
- 認同自我 28頁
- 將「謝謝」掛在嘴邊 30頁
- 透過讀書體驗不同的人生 31頁

PART

2

成功人士的「金錢」習慣

人生與金錢之間，有著想斷也斷不開的關係。
賺錢，然後花錢。
要想實現夢想，
就要培養讓金錢愛上你的習慣。

01

放下對金錢的偏見，尊重金錢

「談錢不入流」、「存錢很低級」，大家是否也有類似的想法？尊重金錢，就能與金錢建立兩情相悅的關係。

金錢絕不是負面的存在，但許多人都有「談錢很低俗」的偏見。**如果覺得「錢很髒」，就會覺得沒錢比較好**，當然也會覺得存錢是件很糟糕的事情。

這種對金錢的負面觀感會阻斷金錢的流入，也就很難存錢。

如果你也有存不了錢的煩惱，那麼除了存錢或是記帳之外，第一步最該做的就是「愛上金錢」，讓我們一起培養大聲說出「我超級愛錢」的習慣吧。

與金錢之間的關係很重要，讓我們對金錢多分敬意吧。**如果你不愛錢，錢也不會愛**

愛上金錢，尊重金錢的方法

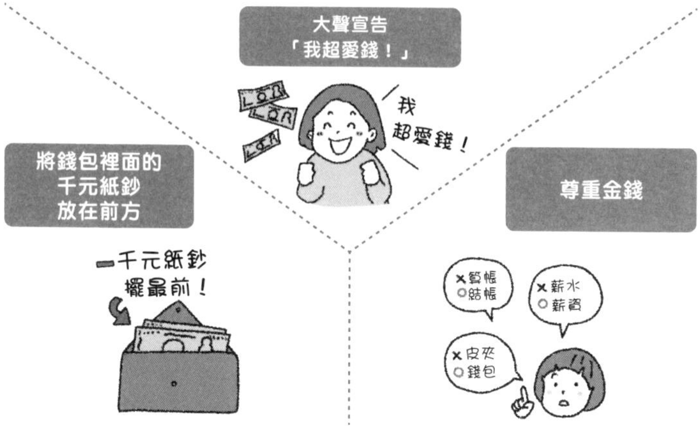
大聲宣告
「我超愛錢！」
我超愛錢！
將錢包裡面的
千元紙鈔
放在前方
一千元紙鈔
擺最前！
尊重金錢
×算帳
○結帳
×薪水
○薪資
×皮夾
○錢包

你，所以在領到薪水或是結帳的時候，不妨對錢多一些疼惜，當你越愛錢，錢也會越愛你。

錢包的內容也非常重要。假設錢包裡面有千元紙鈔與五百元紙鈔，哪一張該放在前面呢？

答案是千元紙鈔。這是為了創造「千元紙鈔跟我最合」的自我暗示。

存錢的第一步就是愛上金錢。

02

將注意力放在「金錢帶來的東西」上

光是想要錢還不夠，
要讓自己擁有具體的遠景或目標。

雖然很多人口口聲聲說著「想要錢」，但真正想要的不是錢，而是錢買到的「自由」對吧？

只要有錢，就能去想去的地方旅行；只要有錢，就能買房子、車子，擁有想要的生活。換言之，金錢是實現夢想的能量。只要了解這個本質，就會知道愛錢沒什麼好丟臉的。

將重點放在「想花錢做什麼」這件事

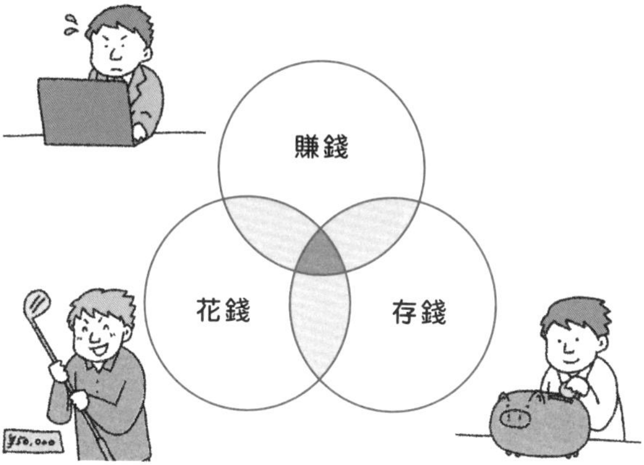

金錢就像空氣般重要。我們的生活雖然少不了錢，但錢不是目的。

所以，讓我們將視線轉向金錢帶來的東西，問問自己「到底想花錢做什麼？」這個問題。

擬訂了具體的遠景或目標之後，光是提醒自己「我想要錢」就能有效地賺到錢。

其實當你確定自己的夢想以及擬定具體的遠景，錢就會來到你的身邊。

金錢是實現夢想的能量，讓我們將重點放在「想花錢做什麼」這個問題上。

03

金錢是感謝狀！從事會被人感謝的工作吧

只要時時心存感謝，
以及回饋社會，金錢一定會來到身邊。

從事被人感謝的工作，金錢就會匯流到身邊，一如心臟讓血液流遍全身一般，「感謝」也會讓金錢流動。

為什麼金錢都不會流到我手上呢……如果你也有這種難過的感覺，有可能是因為你的工作沒有得到別人的感謝。建議大家**「不要只為了收入而工作」，而是將重點放在收入帶來的幸福，以及對社會多些貢獻**。就算只是將零錢丟進超商的募款箱也可以。

因為感謝與回饋社會而踏上旅程的金錢，總有一天會回流到你身邊。

養成讓金錢回流與流出的習慣

學習理財知識

節稅、保險、利息、節儉、經濟，越是了解這類理財知識，越能夠賺錢。

擁有多種收入來源

如果能有各種收入來源，就算這些收入都不多，也能花更多心思投入本業。上班族也可以試著從聯盟式行銷賺錢。

在上午確認金錢

為了避免自己的信用因為一些小失誤而受損，盡可能在腦筋清楚的上午完成管理金錢的作業。

建立金錢專用空間

建議在專用的書桌進行管理金錢的作業。如果覺得管理金錢很難，可以在平常使用的書桌多花點心思，創造所謂的儀式感。

買一個喜歡的計算機

只要手邊有計算機，算錢就變得很簡單，假設是很喜歡的計算機，就會越用越開心。

保持長皮夾的整潔

如果使用長皮夾，紙鈔就能平坦地收進去，紙鈔也會覺得很舒服。透過細心維護的長皮夾喚來更多財富。

金錢會湧向重視工作與金錢的人。

04

皮革錢包、銀錢包、金錢包——準備三種用途的錢包

除了平常帶出門的錢包之外，還可以另外準備錢包。將「銀行」與「金庫」當成錢包使用，就能累積財富。

要想累積財富，就要記得透過三個錢包讓金錢循環。

①**皮革錢包**：建議使用「長皮夾」。這是讓紙鈔能夠盡情舒展的「旅館」，客人（＝金錢）當然會願意入住。

②**銀錢包**：建立一個不容易領錢的儲蓄專用帳戶。重點在於不要替這個帳戶中請提款卡。如此一來，就可以帶著存款簿出門，每次看到ＡＴＭ都能存零錢。

③**金錢包**：放在自家的金庫。可將不同種類的資產分門別類地放在裡面。

建立金錢的循環

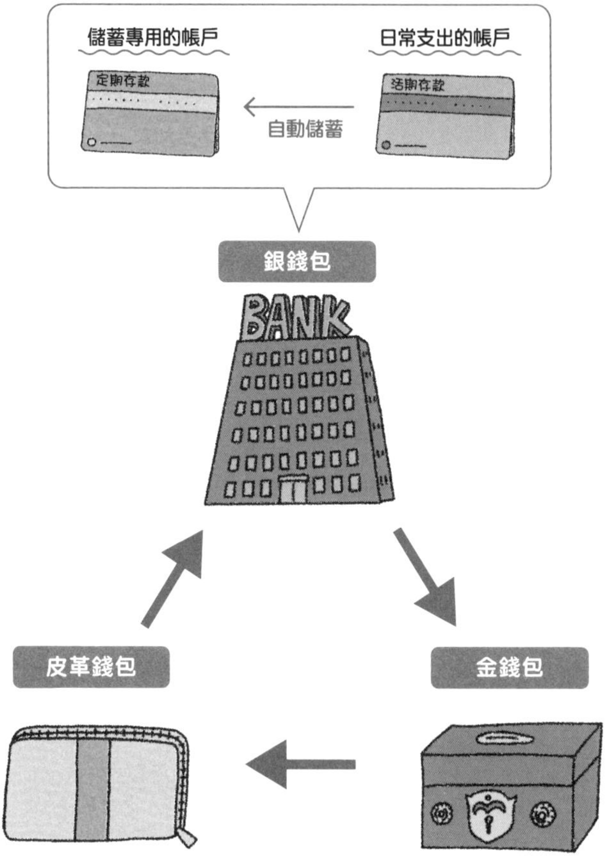

利用金庫管理從銀行領出來的錢，
再將這些錢放進隨手攜帶的錢包。

05

愛上金錢，讓金錢開心地踏上旅程

對金錢最佳的示愛方式，就是「善用金錢」。「立刻開心地付現金」吧。

金錢的使用方法只有「消費」、「浪費」與「投資」這三種。

「消費」是購買生活所需的東西，「投資」是讓自己成長或是增加資產的花錢方式。如果不在消費或投資用心，就會造成「浪費」。比方說，因為「便宜」就買了吃也吃不完的食材，或是賭博，這些行為都是在浪費金錢，也會因此而後悔。

花錢的時候，務必要養成自問自答的習慣。也就是問自己，這筆花出去的錢屬於

讓金錢回到身邊的祕訣

開心的花錢

不要有房貸之外的貸款

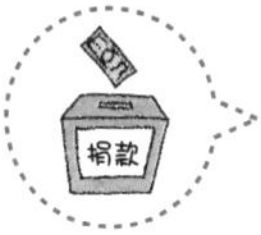

哪怕金額不高，也可以捐款

使用筆記本記帳

「消費」、「浪費」還是「投資」。

如果覺得是必要的支出，那不妨跟錢說：「謝謝你來到我的身邊，你就好好地去旅行吧。」將心愛的金錢送上旅程。

花錢的時候，不要覺得自己喪失了什麼，而是要開心的花錢，這也是讓金錢回到身邊的祕訣。

開心地花錢，錢才會回到身邊。

06

利用金錢拓展人脈

不要老是跟同一群人玩，偶爾要試著拓展人際關係。

我們很容易老是跟同一群人吃飯，喝下午茶。

如果是跟伴侶出門，那往往都是兩人世界；如果是跟朋友聚餐，少則兩人，多則十數人（不過在疫情之下，很難實現這點）。

與伴侶或朋友吃飯當然是無可取代的時間，但反正都要花錢，建議大家偶爾花點錢**拓展人際關係**。

一聽到「拓展人際關係」很多人都會想到要請朋友幫忙介紹與認識新朋友。

但其實要**拓展人際關係，可以花點錢，反過來把別人介紹給自己的朋友**。比方說，可以試著把生意夥伴介紹給另一位有可能互相幫助的生意夥伴，或是扮演愛神邱比特，幫忙撮合正在尋找另一半的朋友。

一邊喝咖啡，一邊幫忙介紹朋友，之後再離席，留兩位朋友在現場，也是不錯的方法。

如果能為這兩位朋友帶來任何好處，這兩位朋友也會感謝你，而且這兩位朋友也會「介紹貴人」給你。

第一步是先**對別人做出貢獻，得到別人的信賴**。這份信賴將為你帶來全新的邂逅。

先為朋友介紹朋友，就有機會得到新的邂逅。

07

一五一十地記錄消費

要避免金錢的浪費，就要詳實地記載錢花到哪裡去。

你是否知道自己有沒有亂花錢呢？

比方說，明明肚子不餓，但只要看到櫃台旁邊的零食就會忍不住買下來。

想戒掉這種亂花錢的毛病就要記帳。

建議大家準備一本筆記本，然後在每次花錢之後，把金額與用途記錄下來，有空就回顧一下這些記錄。

以剛剛的例子來說，常常亂買零食的人，應該會發現筆記本寫滿了零食。

或許大家會覺得，每筆金額不過是區區的幾十元，有什麼好在意的，但如果超過一百筆，那可就是幾千元的消費。所謂的積沙成塔，就是這個道理。

如果發現了**這類多餘的支出，就一筆一筆省下來吧**。

我自己就是透過這個方式發現自己咖啡喝得太多。

現在已經不會亂花錢買咖啡，也從咖啡因中毒的輪迴中脫身，生活品質也提昇不少，可說是一舉數得。

養成回顧記錄習慣，就能找出看似不起眼的浪費。

08

不要申請太多張信用卡

申請太多張信用卡會不小心多花錢，所以信用卡申請一張就夠了。

有調查報告指出「經濟會陷入困境的人，往往申請了很多張信用卡」。

因為每一張信用卡的卡費都不高，所以察覺不到危機。

以擁有三張信用卡的人為例，通常會覺得單張信用卡的卡費「不超過四萬元，應該還得了」，因而亂花錢，但是一到月底，就有可能會面臨卡費高達十二萬元的情況。

一旦「無法一口氣還完十二萬元的卡費」而選擇分期還款，手續費就會不斷增加，變得怎麼還也還不完。

為了避免這種問題發生，**信用卡最好申辦一張就好**，如此一來就能輕鬆地掌握卡費，也能避免自己亂花錢。

信用卡不是給無法自我約束的人使用的，但如果懂得自我約束，透過信用卡結帳就能得到一大好處。那就是「**累積紅利點數**」。尤其每個月的房貸或是水電瓦斯費用的金額都不小，所以利用信用卡支付這些款項，能累積不少紅利點數。

養成以信用卡支付的習慣之後，說不定連行動電話的月租費都能利用紅利點數支付。

聰明地使用信用卡，就能累積紅利點數。

PART

2

成功人士的「金錢」習慣　總結

- [ ] 大聲喊出「我超愛錢！」 34頁
- [ ] 思考「到底想花錢做什麼」這個問題 36頁
- [ ] 從事被人感謝與對社會有貢獻的工作 38頁
- [ ] 利用「三種錢包」讓金錢循環 40頁
- [ ] 開心地花錢！ 42頁
- [ ] 介紹朋友給朋友 44頁
- [ ] 記錄與回顧消費習慣 46頁
- [ ] 信用卡申辦一張就好 48頁

PART

3

成功人士
「累積好運」的習慣

不需要羨慕那些時來運轉，如有神助的人。每個人都能為自己帶來好運。只要懂得抓住幸運的青鳥，就能隨時保持好心情，帶著自信踏出每一步。

01

隨著陽光醒來，不管什麼天氣都打開窗戶

若能天天保有好心情，人生也會變得很精彩。因此，要特別重視早晨，讓每天都從好心情開始。

每天早晨都想開開心心地起床。**最理想的起床方式就是被「晨光」輕輕地喚醒**。為此，睡覺時可稍微拉開窗簾或是百葉窗。也可以準備一個音樂悅耳的鬧鐘。

早上起床時，建議大家對自己說聲：「今天心情不錯耶！」就算是陰天，就算遇到下雨，只要打開窗戶，深深地將新鮮空氣吸滿整個胸腔，心情就會跟著變好。

站在洗面台前面，看著鏡子裡的自己開朗地說「早安」吧。

從美好的心情啟動一整天的活動，一定會讓一整天都好運連連。

讓早晨的空氣帶來好運

開窗

讓悶在房間的二氧化碳排出，引入清新的空氣。

跟自己打招呼

帶著笑臉與好心情告訴自己，自己是史上最棒的自己。

每天早上都帶著「難以言喻的好心情」醒來吧！

02

透過打掃、整理、整頓，讓內心變得乾淨明亮

房間的狀態反映了內心的狀態。在亂七八糟的房間生活，怎麼可能覺得清爽。讓我們在乾淨整潔的房間裡，度過舒爽的每一天吧。

某位經營顧問在給予經營建議時，一定會先告訴客戶「打掃、整理、整頓」這三個方法。

相較於調整經營方針或是提升員工動力，更重要的是先**把辦公室打掃乾淨。這也是最能有效提升業績的方法**。

公司的辦公桌也很重要，因為辦公桌的狀態反映了內心的狀態。假設桌面亂七八糟，員工就不會有清楚的目標，失敗的機率也就跟著大增。

同樣的道理也能套用在自己的房子上。我從來沒看過房間亂七八糟的人，可以每天保有好心情，充實過日子的。

不是因為過得散漫，房間才亂七八糟，而是因為**房間亂七八糟，人生才變得散漫**。

最重要的位置就是玄關。只要觀察玄關就知道屋主過得是否充實。

就算沒辦法每天打掃玄關，應該還是能在早上把不穿的鞋子收進鞋盒。

不可思議的是，一旦玄關變乾淨，房間就自然變得整潔了。

讓辦公桌和玄關保持著比誰都乾淨的狀態吧！

03

每天把夢想說出口

向「流星」用力喊出願望，願望就會實現——這是真的。讓我告訴大家為什麼吧。

「在流星消逝之前，連說願望三次，願望就會實現。」

這句話的意思當然不是：

「說話說得很快的人，越有機會實現願望。」

這個傳說的正確版本是「在流星消逝之前，能完整說出願望一次」，而且可以說三次。

流星總是稍縱即逝。換言之，我們得**「隨時處在能完整說出願望，緊緊抓住夢想不**

放」的狀態。

這意味著，與其期待一閃而過的流星，不如讓自己隨時處在能暢談夢想與志向的狀態。

最建議的方法就是趁著沖澡、慢跑、洗臉以及**其他處理例行公事的時候**，**說出自己的夢想與志向**。就算沒辦法特別挪出時間，描述自己的夢想或志向，也能透過上述的方法，每天把夢想與志向掛在嘴邊。

讓自己隨時都能清楚地描繪夢想與志向。

04

替換智慧型手機的待機畫面

我們一天平均會看兩百次手機的待機畫面，所以待機畫面對我們的潛意識也有極深遠的影響。

一再看到的東西會不知不覺地進入我們的潛意識之中，對我們造成極大的影響。**有一樣東西我們每天都會看很多次，那就是智慧型手機的待機畫面**。

不管是要回電子郵件，還是看時間，抑或搜尋資料，只要打開手機，就一定會看到待機畫面。某項統計資料指出，我們一天平均大概要看兩百次待機畫面。換言之，**常常映入眼簾的待機畫面，對我們的影響非常巨大**。

如果智慧型手機的待機畫面讓人覺得很灰暗，建議立刻換掉，因為這種灰暗或陰霾的感覺會悄悄地潛入我們的潛意識之中。

建議大家將待機畫面換成理想人生的示意圖。每天看兩百次，就能讓這種理想樣貌輸入潛意識。

如果沒有所謂的理想樣貌，則可以換成自己的笑容。如果一天得看到兩百次以上的話，那當然不要只用預設的待機畫面，而是要換成自己喜歡的照片。

將智慧型手機的待機畫面換成理想人生的示意圖。

05

偶爾打赤腳，走在草地或泥土上

我們平常都是穿著鞋，走在水泥地。住在都會區的人，幾乎沒什麼機會直接踩在大地上。所以在此建議大家，**養成在週末赤腳踩在泥土上的習慣**。光是這麼做，就能讓體內久久不散的邪氣釋放到大地，再從泥土中吸收能量。

可以選在公園的草地或是居家附近的河畔打赤腳散步，一定會覺得疲勞的感覺一點一滴地慢慢消失。

到附近的公園或街道走走，尋找可以打赤腳的地方吧！

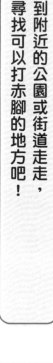

06 贈送手寫的謝卡

雖然近年來，電子郵件或是聊天軟體已成為主要的聯絡方式，但還是建議大家送一張手寫的謝卡給一直很照顧你的人。

手寫一張謝卡或是便箋不會花太多時間。建議大家準備幾張精美的謝卡或是便箋。如果總是錯過贈送謝卡的時機，**不妨就隨手買個小禮物**。這個小禮物也不要太貴重，以免造成對方的心理負擔。若能親手替禮物綁上緞帶會更好。

就算是尋常日子，也要養成時時表達感謝的習慣。

07

聆聽心臟的聲音

覺得自己不如別人，或是因為某些失敗而感到沮喪時，可試著將手按著胸口，感受心臟的跳動。如果手邊有聽診器的話，務必聽聽心臟不斷跳動的聲音。

雖然光是活著，就值得珍惜，但是當內心被狠狠地刺傷，就很難肯定自己。在這種情況下，**聽聽自己的心跳聲，會不自覺地冷靜下來，也會感謝自己還活著這件事**。

感受生命的可貴，就能更重視自己。

08

移動到覺得舒適的地方

覺得「心情低落」時，最能提振士氣的方法就是換個地點。光是**移動到另一地點，就能讓運氣轉變**。一如數位遊牧民族這個詞彙，現在已經不需要固定在某個地方工作或是讀書了。

如果在公園、機場、旅館附近找到喜歡的咖啡廳，不妨把它放進自己的「口袋名單」。偶爾也可以給自己一個小假期，出趟遠門或是在居家附近散散步。

待在專屬自己的「舒適環境」，也是非常寶貴的時間。

PART
3
成功人士「累積好運」的習慣　總結

PART

4

成功人士拓展「人際關係」的習慣

每個人都是在人與人之間的關係中成長。
人際關係會帶來幸福，也會帶來煩惱。
不過，只要花點心思，
就能為自己帶來美妙的邂逅。

01 主動打招呼

要建立良好的人際關係，最重要的第一步就是「主動打招呼」，沒有什麼比主動打招呼更重要。

「主動打招呼」有**「敞開心房示好」**的意思，也是相當高明的手法。

接著為大家介紹與第一次見面的人打好關係的祕訣。

第一步就是先**「主動報上全名」**。全名會比只有名字更令人印象深刻。**接著是「對對方的話題感到興趣」**，讓對方感覺「你對他很感興趣」。

要建立良好的關係，第三步非常重要。所謂的第三步就是**約下次見面的時間**。

不妨問問對方「最近方便去拜訪您嗎？」然後真的在約好的時間拜訪。

建立良好關係的應對方式

步驟 1

「主動報上全名」

您好！
我叫山田太郎

如果能在這時候
交換名片更好。

步驟 2

透過發問了解對方

離妳家最近的車站
是哪個車站呢？

交換名片之後，
可試著問問對方的公司在哪裡，
是在哪個業界服務，
或是擔任的職位。

步驟 3

約下次見面的時間

最近方便拜訪您嗎？

約好下次見面的時間，
就等於建立了良好的關係。

約好下次見面的時間，
就能讓邂逅變成美好的緣分。

02

為對方準備去處

「沒有容身之處」是最痛苦的事，所以散發出「這裡就是專屬你的地方」這種訊息的人，肯定能討人喜歡。

如果參加派對、聚餐或是待在人數較多的場合，卻只有自己孤鳥一隻的話，會覺得整個空間都在對你說「這裡沒有你的容身之處」，會讓人覺得自己無地自容。

此時若有人跟你說「來這來這」的話，再也沒有比這更令人開心的事了。

「這裡有空位，可以來這裡喲。」

「這裡比較多人，要不要來這裡？」

懂得這樣搭話也是非常重要的習慣。

這句話聽起來是我們主動出擊，但其實是讓對方採取行動。所以，盡可能不要讓對方覺得你太過咄咄逼人，會比較容易被對方接受。「我待會要跟朋友一起去唱卡拉ＯＫ，你要不要也一起去？」如果能這樣邀請對方更好，因為對方會更有歸屬感。

不管是誰，只要產生「歸屬感」就會覺得很幸福。

「來這來這」、「歡迎歡迎」的招呼聲能瞬間博得對方的信賴！

03

八成傾聽，二成說話

有時候為了跟別人打好關係，會不自覺地說太多。聆聽對方想說的話，把話語權讓給對方吧。

要想討人喜歡，要將重點放在「傾聽」而不是「說話」。所以可試著**「積極地傾聽」**對方想說的話。

①記得把「原來如此」、「的確是這樣」**掛在嘴邊**。

②**重覆**對方說的話。

上述兩點非常重要。每個人都喜歡別人對自己說的話有反應。**讓對方說八成，自己說兩成**，能讓對方「想再跟你見面」的機率瞬間提昇。

積極傾聽

- 適時「回應」
- 「重覆」對方的話

掌握適時「回應」與「重覆對方說的話」這兩種心法，給予對方適當的反應。

04

別想著讓自己看起來很棒

大家是否會戴上面具，隱藏「真正的自己」呢？要想吸引別人，只能「毫不掩飾地展現最自然的自己」。

近年來，隨著「個人品牌」這個詞彙普及，有越來越多人透過社群媒體或是部落格宣傳自己。

去餐廳吃飯或是參加活動的時候，替自己拍一些很酷的照片，的確是能增加對自己的肯定，但如果只想著替自己貼上一堆「充滿假象」的標籤，總有一天這些標籤會脫落。

真正的個人品牌就是不需要裝模做樣，大方地呈現「最自然的自己」。如果因此而被別人討厭，只說明對方本來就與你無緣。
要想呈現最自然的自己，最好的方法就是**談談自己的「失敗經驗」**。
不需要擔心「在別人心中的印象變差」。
回顧成功經驗很容易讓人覺得你很臭屁，但如果能先談談失敗的經驗，再接著聊聊**「在那次失敗之後，我得到了這些寶貴的經驗」**，就能自然而然地宣傳自己。
透過失敗的小故事，讓對方愛上最真實的你吧。

透過失敗的經驗呈現最真實的自己，是非常有魅力的一件事！

05

試著爽朗地拜託別人「請幫我介紹」

全世界的人都彼此串連。不管是多麼遙遠的人，也不管是多麼有名的人，都能透過介紹認識。

不知道大家是否聽過「六度分隔理論」呢？**意思是只要透過六層關係，就能以「朋友的朋友」這種方式認識全世界的任何一個人**，美國心理學家斯坦利米爾格拉姆博士已透過實驗證明這點。

換句話說，再怎麼陌生的人，也能透過別人的介紹認識。

這世界還真是比想像中來得小啊（小世界理論）。

透過社群媒體認識別人當然是不錯的方法，但不管是網路世界還是現實世界，**重點**

都是毫不猶豫地說出「請幫我介紹那位朋友」這句話。

「想跟對方聊聊天」

「想跟對方一起工作」

如果心中有這樣的人，不妨爽朗地拜託別人「請幫我介紹〇〇」。就算與對方沒有交集，只要越過六層關係，就能與任何一位名人認識。

不能只是站在原地羨慕那些人脈很廣的人。**只要積極地開拓人脈，就會如有神助一般，得到寶貴的人脈**。

人脈是上天賜給積極行動者的禮物。

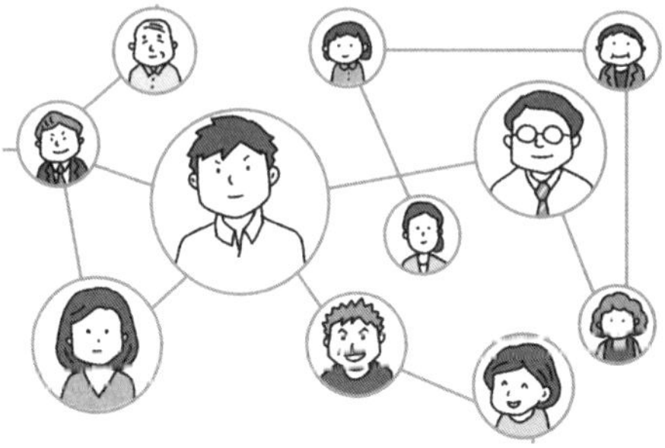

06

對人溫暖，對事冰冷

對事太過寬鬆，就會後患無窮。

溫暖地對待別人是件非常重要的事。

不過，信念越是堅定的人，就越容易以相同的態度面對事情。

就算談到錢、契約、工作或是私底下的約定，也總是以

「隨便就好。」

「隨時都可以。」

這種態度應對，變成所謂的濫好人。

不過，**不懂得談判，日後將會出現一堆問題**。
為了避免糾紛，**記得「對人溫暖，對事冰冷」這個態度，讓自己保有客觀**。
在談判的時候謹慎，最終能讓彼此雙贏。
「還好當初有先簽好備忘錄。」
彼此能像這樣開懷暢談，全是因為客觀地討論事情，以及帶著誠心誠意面對彼此。

務必記得，對事冰冷，就是誠心誠意地面對對方。

07

替自己定義一個文案

要讓別人對自己有印象，不妨**替自己定義一個文案**。在自我介紹的時候使用這個文案，能讓別人立刻記得你。重點在於這個文案要簡潔有力。如果實在想不到的話，「我是〇〇專家」或許是個選擇，能簡單明瞭地介紹自己。

「把自己形容成專家，會不會太超過了啊……」可不能這麼謙虛。只要想著理想中的自己就好。**當我們不斷地如此形容自己，就能一步步接近那個理想之中的自己。**

方便別人記得自己，也能幫助自己成長。

08

對話最好以直球對決

要讓對話順利地進行，就要做球給對方。**話中有話的諷刺、自嘲都是難以捉摸的變化球**。對方接不住，對話就無法繼續下去。**感謝與讚美都要直接了當**。

「這間店又便宜又好吃，真的很謝謝你帶我來。」

「謝謝你幫我那個忙。」

簡單易懂的詞彙，不需另做解釋的詞彙，都是與對方維持良好關係的祕訣。

猶如變化球的話語，容易產生意想不到的誤解。

PART

4

成功人士拓展「人際關係」的習慣　總結

- [ ] 主動報上全名 66頁
- [ ] 跟別人說「來這邊」 68頁
- [ ] 適時回應對方，重覆對方說的話 70頁
- [ ] 談論自己失敗的經驗，呈現最自然的自我 72頁
- [ ] 拜託別人「幫忙介紹朋友」 74頁
- [ ] 謹慎面對事情 76頁
- [ ] 報上姓名時，連同自行定義的文案一併報上 78頁
- [ ] 直接了當地感謝與讚美別人 79頁

PART

5

成功人士的「早晨」習慣

一日之計在於晨。
要培養新的習慣，最佳的時間點也在早晨。
如何利用早晨，將造成極大的差別。

01 珍惜早晨的一分一秒

假設真有能夠改變人生的時段，那肯定非早晨這個時段莫屬。
珍惜早上的每一刻，就能抓住幸福與成功。

請大家想像一下元旦的早晨。一打開窗戶，新年第一道新鮮的空氣便隨之流入，令人不禁抬頭挺胸，面對未來。

「希望今年又是平安順利的一年。」

「希望有機會挑戰○○。」

我們會像這樣許願，樂觀與意志力自然而然地湧現。

如果一年只有一次如此特別的早晨，豈不是很可惜嗎？

假設每天早上都能像元旦早晨那般充滿活力，人生一定會變得更加精彩。

所以本章要介紹的是，讓每天早上都變得特別的習慣。讓我們一起將每天早上化為實現夢想，邁向人生遠景的時間吧。

如果每天早上都無法感受「早晨的能量」，那麼早上與晚上就沒有任何區別可言。

不過，人類在人造光的環境下生活的歷史，其實比想像中來得短。我們的DNA還留有日出而作，日落而息的生理規律。

早上起床時，務必試著打開窗戶。

如此一來，整個空間就會像是元旦的早晨一樣，充滿了新鮮的朝氣。

早上起床先打開窗戶，感受「早晨的能量」。

02

透過五感品嘗早晨的每分滋味

越是剛起床，腦袋還沒開機的時候，越有機會存取潛意識。讓我們在此時輸入正面的想法。

早上剛起床，腦袋還很渾沌的時候，是一天僅有數次的狀態。

這種半夢半醒的狀態，是我們存取潛意識的大好機會，因為平常根本無法察覺潛意識的存在。

在這段時間感受的一切，說出來的一切，都會悄悄地滑入潛意識的深處。

潛意識是帶領我們實現夢想的導航裝置，我們沒有理由不好好利用這種自動駕駛功能。有機會的話，請大家務必試著緩緩地啟動身心，透過五感體驗特別的早晨。

驅使五感，完整享受早晨

視覺

隨著早晨的陽光醒來

培養早睡早起的習慣，找回人體原有的規律。讓自己沐浴在陽光之下醒來。

聽覺

聽音樂

鳥兒輕囀或是小河潺潺的聲音是最棒的音樂。

嗅覺

享受精油的香氣

利用充滿精油香氣的手帕、絲巾或是毛巾刺激大腦。最推薦的是葡萄柚的香氣。

觸覺

淋浴

一邊沖著熱水，一邊想像自己正在輸入夢想，然後將夢想說出口。

味覺

享受早餐的滋味

空腹醒來是最理想的起床方式。雖然不是每個人都吃早餐，吃的量也都不一樣，但就算只吃一根香蕉也不錯。

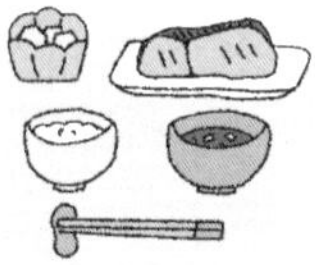

早上是黃金時段！
利用五感迎接一天的開始吧。

03

每天早上花三分鐘，思考人生的遠景

今天一整天要怎麼度過？該怎麼利用今天，更接近人生目標？早晨的三分鐘是改變人生的時間。

要想一個人靜靜地檢視自己，煥然一新又沉靜的早晨是最佳的時間點。

早上醒來，為自己保留一段獨享的時間，規劃自己的人生。**就算一天只花三分鐘，一年下來，也有十八個小時**。建議大家將這三分鐘當成**「手帳時間」**使用。在手帳的第一頁寫下夢想與遠景。確定人生的目標之後，再確認**今天的流程**，才能更接近人生目標。重點不在於待辦事項，而在於今天的流程。「在○點的會議之前，要結束○○」、「午餐可以早點吃」，**像這樣訂立行動計畫，啟動一天的行程吧**。

早晨獨享的時間

規劃人生，
訂立一天的行動計畫

1 天 3 分鐘 ×1 年＝18 小時

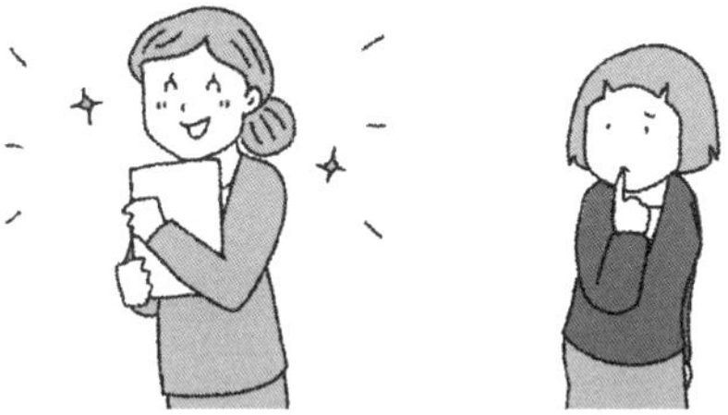

有沒有保留個人的時間
將造成明顯差別

看著手帳的第一頁，
輸入人生目標

規劃一整天的流程

所以午休
可以短一點
因為晚上
要約會
Diary

利用早晨的三分鐘設計人生，
透過一整天的規劃邁向目標。

04

讓身體慢慢啟動

早上的時候，配合生理時鐘起床。一邊與自己的身體對話，一邊慢慢醒來。

很多人以為放空是壞習慣，但是在早上「放空」卻是非常重要的一件事。

早上睜開眼睛之後，不要立刻起床，而是先握拳看看。手掌有「勞宮」這個與心臟有關的穴道。**輕輕握拳三次，再稍微用力握拳三次，最後再狠狠用力握拳三次**。

從床上坐起來之後，跪坐十秒，同時跟身體說：「今天也請多多指教了。」

打開窗戶，將新鮮的空氣吸入肺部，再與太陽打招呼。接著再洗臉刷牙。**不要忘記在洗面台點眼藥水**。最後是確認身體狀況。量完體重與體溫之後，可以做做伸展操。

早晨的待機模式

在床上

輕輕地、稍微用力地、很用力地各握三次拳頭 → 在棉被上跪坐十秒鐘

起床後

打開窗戶，呼吸新鮮空氣 → 輕聲地複誦目標與計畫

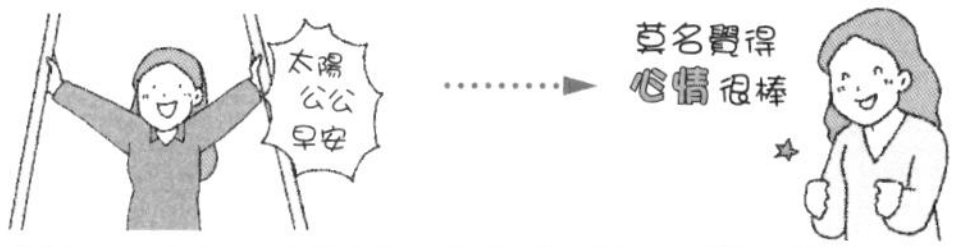

在洗臉台

洗臉 → 刷牙 → 點眼藥水 → 量體重

在客廳

量體溫 → 做伸展操

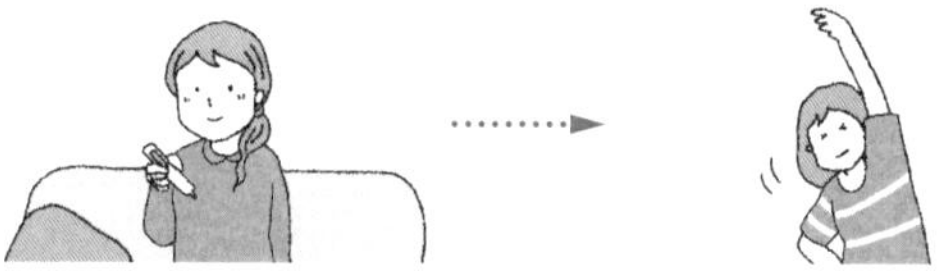

面對自己的身體，讓自己度過美好的一整天。

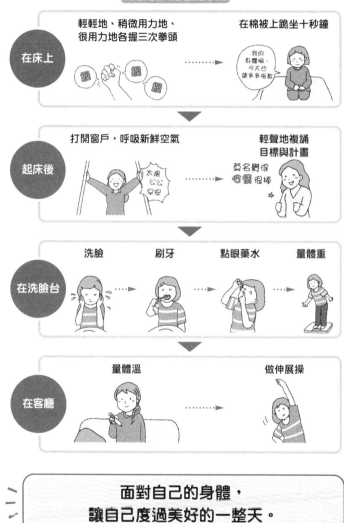

05

就算一個人住，也要說聲「出門囉」再出門

跟自己說聲「出門囉」，能為自己加油打氣，創造好的開始。

小時候或是跟家人同住的時候，都會在早上出門之際，跟家人說聲

「出門囉！」

再出門對吧？

等到一個人生活之後，身邊沒有別人，自然就沒什麼機會說這句話。有些人在起床到抵達公司的這段時間，不說半句話，但這麼一來，一整天就會變得平淡無奇。

如果你現在是一個人生活，不妨在出門的時候，跟自己說句「出門囉」，讓「在家」

與「在外」有所區分。

這麼做能在走出家門的瞬間切換成上班模式。

重點在於大聲而清楚地說出這句話。說得有氣無力的話，就沒什麼效果可言。

「出門囉」這句話其實有種神奇的魔力，會帶人回到「重要的地方」。

早上也很適合透過這句話替自己加油打氣。

不管身邊有沒有家人，活力十足地說句「出門囉」再出門，就能順利起跑，展開一整天的生活。

「出門囉」要說得大聲又清楚。

06

仰望天空，產生美好的波動

好的波動會吸引擁有好的波動的人，壞的波動會吸引擁有壞的波動的人。讓我們創造美好的波動，帶來美好的緣分。

邊走邊滑手機已是社會問題。

走路不看前面，當然會有很高的風險與別人撞在一起，所以務必戒掉這個壞習慣。

除了危險之外，低著頭走路也會錯過美好的緣分，因為這樣會創造壞的波動。

這世上的一切都有所謂的波動，相似的波動會互相吸引。

壞的波動會吸引壞波動的人。

生理與心理是互相影響的。

很少人會邊跳邊說別人的壞話。

同理可證，抬頭，看著前面，心情就能常保正面。

光是在早上出門時，抬頭看看天空，就能擁有正面的心情，創造良好的波動。良好的波動可以吸引良善的人，創造美好的邂逅。

要想得到美好的邂逅，絕對不能呆呆站在原地，而是要主動創造良好的波動。

創造正面的波動，吸引美好的緣分。

07

肌膚接觸

一般認為，肌膚接觸能讓主掌幸福感的腦內激素「催產素」快速分泌，所以**接觸其他的生命，能讓我們感到幸福，湧現度過一整天所需的活力**。如果家人在身邊的話，可以互相擁抱，或是擊掌與擊拳，鼓勵彼此。

就算對象不是人類也沒關係，因為光是**接觸觀葉植物也有同樣的效果**。

在公園抱住充滿能量的大樹效果奇佳！非常推薦！

接觸自己以外的生命，感受活生生的能量。

08

不要開電視

為什麼你會想看新聞呢？是因為想要早點掌握全世界的問題，立刻採取對策嗎？

其實，**現代人很怕時間留白**。害怕空間突然安靜，害怕激情之後的空虛，所以才會想要打開電視，尋找內心的躁動。

其實早上不看電視也沒關係，一來不會有任何損失，二來也不會因為這樣而被同伴排擠。

請讓早晨成為描繪夢想與遠景的寶貴時間。

擁有一人獨享的早晨是實現夢想的第一步！

PART

5

成功人士的「早晨」習慣　**總結**

- [ ] 隨著陽光醒來，並打開窗戶　82頁
- [ ] 一邊淋浴，一邊說出夢想　84頁
- [ ] 為自己保留三分鐘，好好檢視自己　86頁
- [ ] 不要立刻起床，先握握拳頭　88頁
- [ ] 跟自己聲說「出門囉」再出門　90頁
- [ ] 出門時，抬頭看看天空　92頁
- [ ] 接觸家人、觀葉植物或是其他生命　94頁
- [ ] 關掉電視，描繪自己的夢想　95頁

PART

6

成功人士的「早晨寫日記」習慣

早晨是昨天與今天的分界，
所以在早晨寫日記最有效果。
花三分鐘寫九宮格日記，記錄自己的成長吧。

01

每天花三分鐘寫下實現夢想的早晨日記

就算是覺得自己「寫日記都寫不久」或是「不會寫日記」的人，也很推薦試試「早晨日記」，因為感覺就像是在寫備註而已。

某份問卷曾隨機抽選三千位大企業的社長作為問卷調查對象，結果發現這些社長都回答「每天寫日記」。**寫日記可讓自己的遠景變得更清晰**，所以日記是方便社長與員工分享遠景，**讓夢想具體成形的必備工具**。

能發揮日記這種效果的工具之一，就是在每天早上所寫的「早晨日記」。多年以來，我都請學生培養「在早上花三分鐘寫日記」的習慣，因為這個習慣能夠幫助我們實現夢想。不需要耗費太多時間，三分鐘即可。請大家讓它成為一種例行公事。

早晨日記的驚人效果

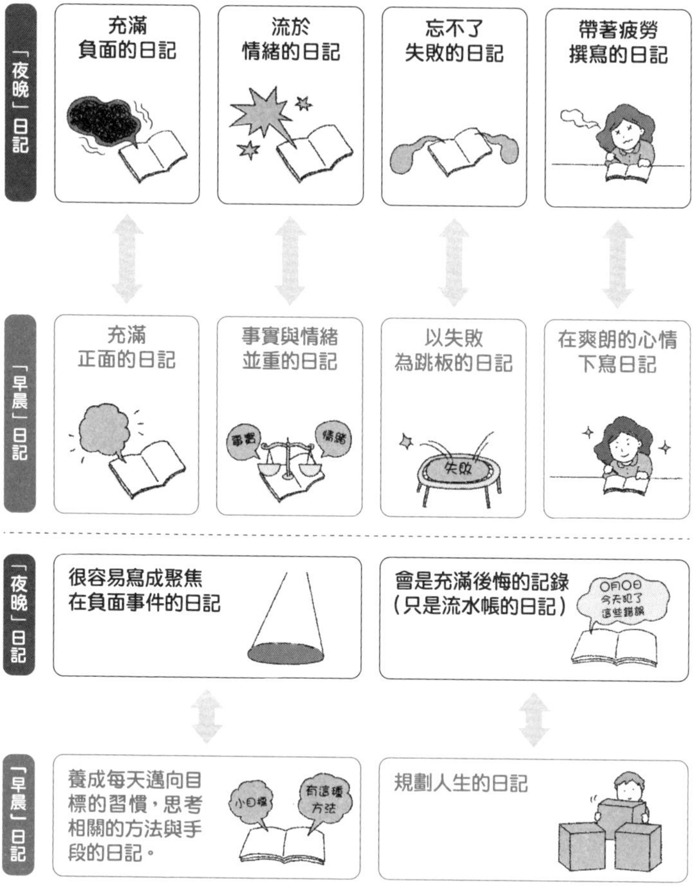
「夜晚」日記
充滿
負面的日記
流於
情緒的日記
忘不了
失敗的日記
帶著疲勞
撰寫的日記
「早晨」日記
充滿
正面的日記
事實與情緒
並重的日記
事實
情緒
以失敗
為跳板的日記
失敗
在爽朗的心情
下寫日記
「夜晚」日記
很容易寫成聚焦
在負面事件的日記
會是充滿後悔的記錄
（只是流水帳的日記）
O月O日
今天犯了
這些錯誤
「早晨」日記
養成每天邁向目
標的習慣，思考
相關的方法與手
段的日記。
小目標
有這種
方法
規劃人生的日記

早晨日記是讓人生航向成功的航海圖。

02

早晨是寫日記的最佳時段

一如P99的圖示，在晚上寫日記，很容易寫一堆反省或是後悔的內容。在心情愉悅的早晨寫日記，能讓我們採取正面的行動。

很多人習慣在晚上寫日記，但其實**早上才是寫日記的最佳時機**。

如果白天遇到了一些不順心的事情，到了晚上有可能心情還沒辦法平靜下來，若是在這種狀態下寫日記，就很有可能寫下一大串反省、抱怨或是負面情緒的內容，也很可能會因此沒辦法順利入睡。

但是改在早上寫日記的話，情況就完全不一樣，因為情緒會在經過一夜的熟睡之後消化，**就算前一天發生了什麼，也能樂觀地思考解決問題的方法**。

在煩惱的時候才要早起，將自己當下的狀況與心情寫在日記裡面。**其實早上的放空狀態是最容易產生靈感的時候**。在這段時間匆匆寫下的備註，常常都是很實用的解決方案。只要養成早上寫日記的習慣，就有機會擁有這種體驗。

此外，早晨日記最好寫成能在同一頁回顧去年同一天的格式。在遇到困難的時候回顧日記，常會發現去年的同一時間，也在煩惱相同的事情。

如此一來，就能客觀地觀察自己的思考盲點與失敗模式。這也是只有寫早晨日記的人才知道的祕密。

早晨日記可幫助我們客觀地觀察自己的思考盲點與失敗模式。

03

以寫隨筆的感覺，寫在九宮格的格式裡面

大部分的人若是看到空格，通常會有「想填滿空格」的衝動。而九宮格日記正好能利用這種衝動。

早晨日記可寫成三乘三的九宮格格式。中間的空格寫記錄當天的基本資料，剩下的八格空格則可以填入「工作」、「飲食與健康」、「金錢」這類誰都想記錄的內容，最後的五格空格則可自行決定要寫哪些內容。早晨日記要以兩天的內容為一個單位，也就是像左頁的圖一樣，**記錄「昨天的日記」與「今天的日記」**。昨天的日記只寫「昨天發生的事情」、「想到的事情」，今天的日記則可以先把待辦事項寫下來，比方說，今天是某個人的生日，就可以寫下「送〇〇一束花，當生日禮物」。

「早晨」日記的格式

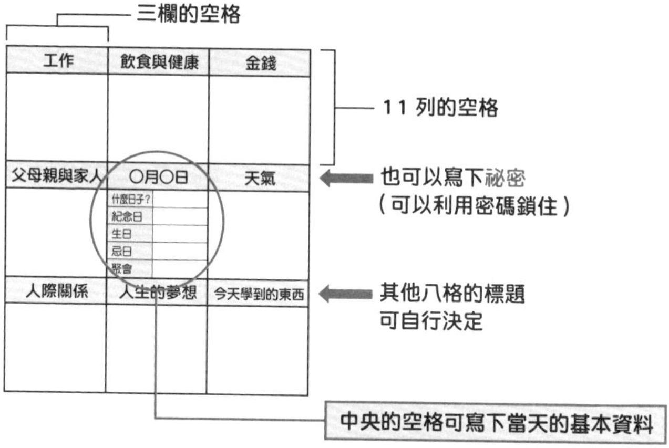
三欄的空格
工作
飲食與健康
金錢
11 列的空格
父母親與家人
○月○日
天氣
什麼日子？
紀念日
生日
忌日
聚會
也可以寫下祕密
（可以利用密碼鎖住）
人際關係
人生的夢想
今天學到的東西
其他八格的標題
可自行決定
中央的空格可寫下當天的基本資料

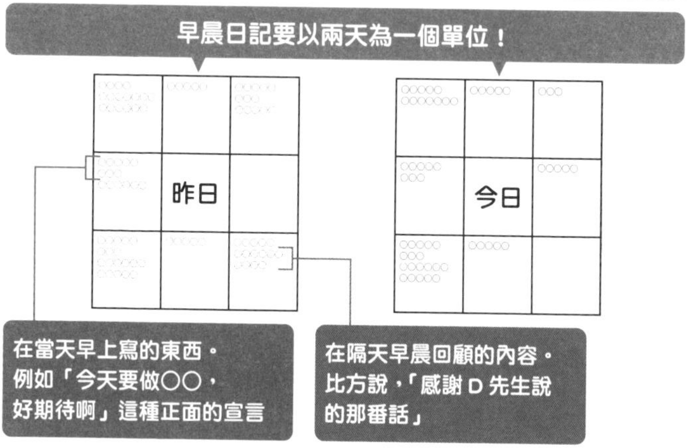
早晨日記要以兩天為一個單位！
昨日
今日
在當天早上寫的東西。
例如「今天要做○○，
好期待啊」這種正面的宣言
在隔天早晨回顧的內容。
比方說，「感謝 D 先生說
的那番話」

不需要填滿八個空格。
持之以恆的祕訣在於不追求完美！

04

最方便的早晨日記工具就是Excel

Excel可以幫助我們快速建立終生可用的日記。

①在十一列乘三欄的儲存格設定框線，做為寫日記的儲存格範圍使用。

②另外製作一個與①的儲存格範圍大小一致的九宮格儲存格範圍。

③在正中央填入基本資料，再於周圍的八個空格寫入分類（可以P103為範本）。

這就是一天份的早晨日記。只要先建立這種一天份的儲存格範圍，之後就能複製使用。持之以恆地撰寫早晨日記，早晨日記會變成規模浩大的曼荼羅。如果能像左圖一樣，列出相同日期的內容，**就能知道去年的今天對自己的意義**。

Excel早晨日記的製作方法

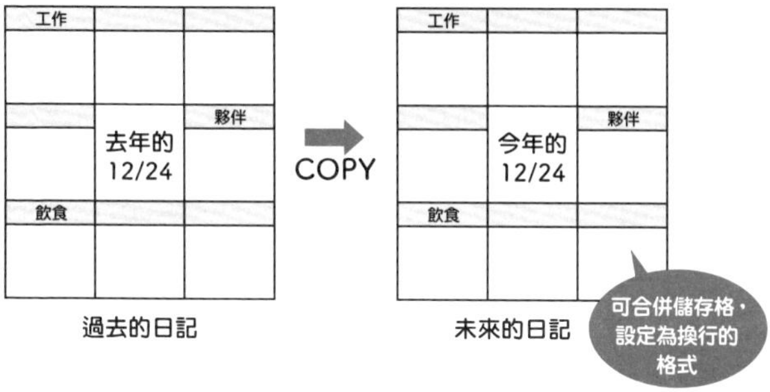

「早晨」日記的全貌（成為大型曼荼羅）

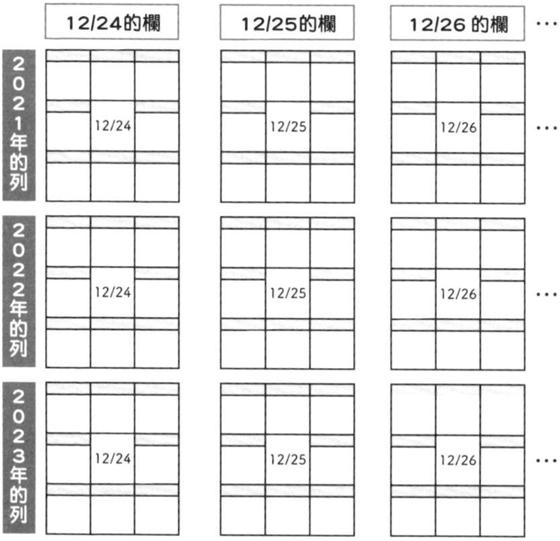

能一眼看出去年的今天發生了什麼。

05

複製&貼上電子郵件、照片或影片

Excel早晨日記的優點在於**可複製與貼上電子郵件的內容、照片與影片**。把別人寄來的感謝信或是值得紀念的訊息貼在早晨日記裡，讓**每一天變成值得紀念的日子**。

以為我例，我會將出版通知這類來自編輯的電子郵件或是著作的封面圖片放進早晨日記，讓那天變成值得紀念的日子。

推薦早晨日記的理由在於**早晨日記會慢慢成為人生的資料庫，以及曾經認真過生活的證據**。

打造每次回顧都令人感到快樂的日記。

06

只需要填寫有東西可寫的空格即可

在寫Excel早晨日記的時候，不需要逼自己填滿所有的空格。唯一要注意的是，**先從天氣開始撰寫**。因為記錄天氣不需要花腦筋，算是一種熱身。

接著再**填入昨天發生的事情與情緒**。只需要填寫有東西可寫的空格就好。

接著是撰寫「今天的日記」。最後是稍微瀏覽一下去年與前年的同一天日記，看看過去的同一天發生了哪些事情，**再著手撰寫今天的未來日記**。一開始盡可能在三分鐘之內完成日記。時間允許的話，再試著增加撰寫的內容。

留下空格也可以，每天花三分鐘寫日記吧。

PART

6

成功人士的「早晨寫日記」習慣　總結

PART

7

成功人士的
「夜間」習慣

正因為一天過得充實，所以生理與心理才會疲勞。
能治癒自己的人只有自己。
讓我們盡情地使用這段專屬自己的夜晚時光吧。

01

從白天的「他人時間」主動切換成晚上的「專屬時間」

從白天的「他人時間」切換成晚上的「專屬時間」，就能讓心情恢復平靜，緩緩進入夢鄉。

一如「人類是社會性動物」這句話，白天的我們忙於工作、買東西、帶小孩，忙著應付「社會生活」，所以白天是離不開別人的「他人時間」。

與別人相處時，或多或少都會伴隨著緊張與壓力，所以**在白天盡力應付人際關係，到了晚上找回「自己」**的平衡非常重要。

要讓「專屬時間」變得更有意義，打造一個讓人想早點回家的居家環境是最簡單的方法，如此一來，就不會在外面拖太晚，也不會順道繞去其他的地方。

讓夜晚的「專屬時間」變得更充實的祕訣

1 打掃房間

整理房間，讓地板變得乾淨整潔是非常重要的一環。

2 整理一塊用來放空的位置

試著把自己想成是電影中坐在椅子上放鬆的主角。

3 選擇橘色的燈光

當副交感神經變得活躍，就能更加放鬆。

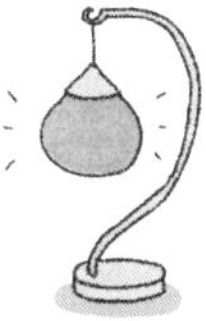

4 換掉所有在白天穿的衣服

換掉白天穿的衣服，讓身心徹底解放。

5 晚上八點之後，不再攝取碳水化合物

減少不易消化的碳水化合物，讓自己在隔天早上精神飽滿地醒來。

6 準備專屬自己的桌子

只是為了「睡覺才回家」實在太可惜。為了提升自己的涵養，不妨準備一張桌子，就算桌子不大也沒關係。

在「專屬時間」消除白天的疲勞，讓自己舒服地進入夢鄉。

02

重視療癒效果與全力放鬆

正因為能在一天的尾聲放鬆，所以才能每天都上緊發條。不過，這種喘口氣的時間只能自己為自己準備。

要讓「專屬時間」變得充實，絕對需要適時地喘口氣。讓人不由自主地說出「啊，好療癒啊」的**療癒時間，必須自己準備才能擁有**。比方說，最近越來越多人只沖澡不泡澡，但其實泡在溫度適中的熱水裡，是最療癒的時間。最建議的方法是不開燈，**只藉著燭光入浴**。一週只有一次也沒關係。或許有些人會覺得這種「儀式感」很可笑或是很不好意思，但這麼想的話，可是會錯過人生一半以上樂趣的喲。只要試過一次，人生就會改變。

讓夜晚成為療癒的時間

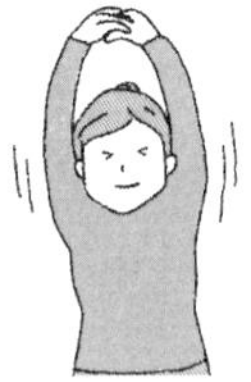

試著「伸伸懶腰」、「雙手放下」，
讓背部得以放鬆

利用半身浴讓身體熱起來

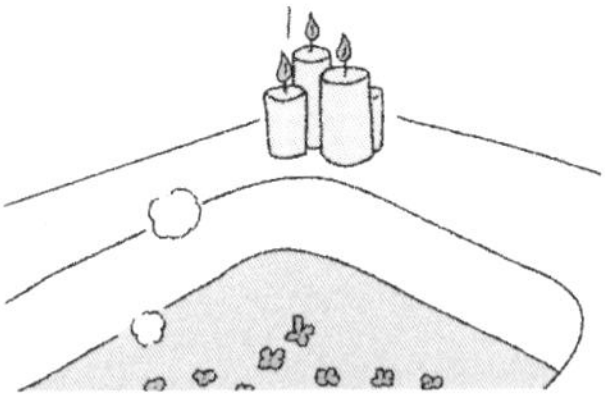

特地在週末來個燭光泡澡，
同時進行冥想

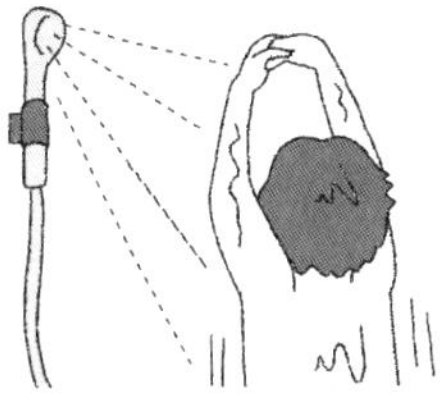

一邊沖澡，一邊伸展身體

聞一聞薰衣草的香味

欣賞美麗的影像

以導演的角度，為自己設計放鬆時間。

03

透過就寢儀式與舒眠技巧獲得最棒的睡眠

透過自創的就寢儀式解決失眠的問題！
利用舒眠技巧讓自己深深沉入夢鄉。

據說日本人的睡眠時間比先進國家的平均少一個小時左右，而這也是生產效率下滑以及造成疾病的原因。**「睡得好」真的非常重要**。要想睡得好，就要設計一套就寢儀式。只要每天執行這套就寢儀式，久而久之就會建立**「這麼做就能睡得熟」**的良性循環。有些人會覺得「儀式」這兩個字有點誇張，但其實這套儀式不用太繁瑣。

要準備一個良好的睡眠環境，就是**針對五感（視覺、聽覺、嗅覺、味覺、觸覺）擬定舒眠對策**而已。一步步改善寢室的環境，並享受改善的過程。

就寢儀式與睡眠環境

執行就寢儀式

觸摸觀葉植物的葉子，進行瞑想

整理桌面

看看夢想實現之後的示意照片

感謝今天見過的每個人

對自己說聲「晚安」

感謝身體不適的部位

打造舒眠環境

利用加濕器或是除濕器（讓濕度維持在 50%）

使用觸感舒適的寢具

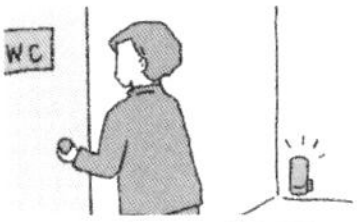

在走廊點一盞腳燈

在寢室的四個角落擺鹽與木炭

放一些療癒的音樂

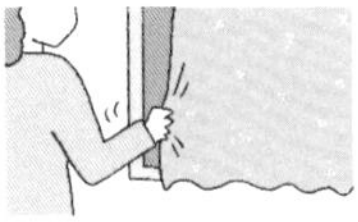
遮住所有光線

用心打造舒眠環境，
就能迎來「美好的明天」。

04

在凌晨十二點之前就寢

要想迎接最美好的早晨，就要重視前一天的就寢時間。

要是起床的時候覺得沒睡飽，就很難開啟愉悅的一天。

反之，若是神清氣爽地起床，就能迎來完美的一天。

因為肚子有點餓而醒來，可說是最完美的起床。要想實現這點，就不要在睡覺之前吃東西。

在深夜吃東西會導致血液往胃腸集中，大腦也會因為無法得到充足的血液而缺氧。

拖拖拉拉，不肯早點睡是很晚吃東西的原因。

只要提醒自己在「凌晨十二點之前睡覺」，就能避免在深夜吃東西。

晚上十點到十二點被譽為「睡眠的黃金時段」，是修復細胞，消除疲勞的荷爾蒙大量分泌的絕佳時段。

晚上十點就寢，早上五點起床，與凌晨兩點就寢，早上八點起床，睡眠品質完全不一樣。

所以，最好能在晚上十點就寢，但如果工作很忙，也至少該在晚上十一點五十九分前就寢，這樣隔天一定能神清氣爽地起床。

簡單來說，這種方式的口訣就是「今天就寢，明天起床」。

最晚也要在晚上十一點五十九分的時候就寢。

05

在睡覺前想一些快樂的事

在睡覺前想負面的事情，這些事情會滑入我們的潛意識，所以應該盡量戒掉這個壞習慣。

不管一整天過得是好是壞，都要在一天的尾聲睡覺。

在入睡之前，想一些憂鬱的事情，潛意識就會記住這些事情。

如果能夠回想精彩的一天，讓自己帶著正面的心情入睡，那當然是最理想的結果，但如果想的是今天遇到什麼麻煩或是負面的事情，這些負面的感覺就會存進潛意識。

如果只有一天這樣還無所謂，但如果常常都這樣，人生就會往糟糕的方向發展。

為了避免潛意識累積過多的負面情緒，**讓自己在睡覺之前，多想一些快樂的事情**。想到忍不住「呵呵呵」地竊笑也無所謂。

或許一開始很難將痛苦的一天想得很快樂，但習慣這麼做之後，就會很期待就寢。

這些快樂的想像也會在隔天之後，慢慢化為現實。這麼做的效果真的強得讓人不敢置信。

在睡覺之前想像的正面景象將於隔天一步步化為現實。

06

不要覺得在隔天醒來是理所當然的事情

沒有人能保證自己明天還活著。
要覺得每一天都是新的一天。

大家可知道感謝的反義語是什麼？不是不感謝或憎恨，而是「理所當然」。

大家是否覺得明天醒來是「理所當然」的事情？
但沒有人能夠保證睡著之後，明天一定能醒來。
所以早上起床之後，要感謝自己還活著這件事。
或許年輕的時候不會這麼想，但過了三十五歲之後，就要記得如此感謝，否則遲早會得到報應。

之所以要在早上起床的時候感謝，是因為**「睡覺的時候，與死了沒兩樣」**。

正確來說，睡覺的時候，意識沒有消失，但不像白天那般清醒。

如果能精實地度過每一天，並且告訴自己每到晚上，就一定會死掉一次，然後在隔天早上感謝重獲新生的話，就能充實地度過每一天。

充實的每一天肯定能帶來充實的人生。

覺得每到晚上就會死掉的話，就能每天感謝自己還活著這件事。

07

在枕邊擺一本筆記本

在床上想事情的時候，偶爾會想到一些「明天一定要做的事」或是突然靈感湧現，想到令人直呼「太棒了」的創意。大家應該都有類似的經驗對吧？一旦開始想這些事情，就會想到睡不著。

此時筆記本就能派上用場。在枕邊擺一本筆記本，就能將**想到的事情、創意順手記下來**。一旦知道這些事情「記下來了」，就能夠安心入睡。**枕邊的筆記本可說是某種鎮靜劑**。

就寢時，要清空大腦！

08

利用所有物清單準備隔天的所需物品

建議大家做一張基本的所有物清單。將隔天需要的東西寫在手帳裡，就不會忘記帶。

重點在於在晚上確認清單。

如果邊想著「明天早上要帶什麼」邊就寢，會造成負擔，也會讓自己無法安穩地入睡。確認清單之後，就對**自己說「這樣就沒問題了」、「一切萬無一失」**，這麼一來便能放心入睡。

前一天準備好該帶的東西，就能消除不必要的壓力。

PART

7

成功人士的「夜間」習慣　總結

- [ ] 晚上就切換成「專屬時間」 110頁
- [ ] 藉著燭光入浴 112頁
- [ ] 針對五感擬訂舒眠對策 114頁
- [ ] 不要在睡覺之前進食 116頁
- [ ] 在睡覺之前微笑 118頁
- [ ] 早上起床後，對還能活動這件事表達感謝 120頁
- [ ] 記錄睡前的靈感 122頁
- [ ] 確認隔天需要的東西 123頁

PART

8

成功人士的「思考」習慣

如何看待事情？如何思考事情？
思考會對你的行動產生影響。
一起學習讓人生充滿快樂的思維吧。

01

人生是愉快的實驗室，徹底享受一切吧

不管失敗也好，遇到麻煩也罷，實驗就是重視思考的過程。人生也是一場規模浩大的實驗，所以什麼都可以試試看。

大家可聽過鎌倉時代的一遍上人？這位和尚會一邊開心地跳舞，一邊念佛，藉此宏揚佛法，也因此聲名大噪。一遍上人主張人生不是「修行」而是「遊行」，所以又被稱為遊行上人。若是覺得「人生是一場艱困的修行」，人生就會真的變得很痛苦，必須咬緊牙關，忍耐每一次痛苦的試煉，再一步步向前走。

但是，當我們認為「人生就是一場遊戲」，又會得到什麼結果呢？答案就是，**不管遇到什麼事情或是什麼人，都能豁達地覺得：「喔，原來如此，這次遇到的是這種問**

一遍上人的遊行

題啊。」這感覺就像是成為電影裡面的主角一樣。這就是**抱著「遊戲人間」的態度，欣賞、感受與品嘗人生百態**。

人生結束時，大部分的人都會後悔地說「早知道就那樣做」，卻很少人能對自己說「還好沒那樣做」。為了不讓人生在後悔之中落幕，請將**「這個世界當成實驗室」**。

什麼實驗都不做，實在太可惜！建議大家什麼都嘗試看看。

什麼實驗都不做的人生實在太可惜！
多嘗試一些有趣的事吧！

02

以「樂趣」為基準

所謂的「正確」其實很模糊，而且難以捉摸。
不要滿腦子只想著「正確」，而是要以「樂趣」為基準。

在思考「接下來要做什麼」這個問題的時候，大家都怎麼想呢？

如果滿腦子只想著「該怎麼做、必須這麼做」，代表你以「正確與否」為標準。所謂的「正確」是搖擺不定的，被這種模棱兩可的東西要得團團轉，就會陷入煩躁之中。讓我們從「追求正確的自己」轉型為「追求樂趣的自己」吧。**以「想做什麼，想為別人做什麼，想讓別人允許自己做什麼」這些樂趣做為基準，人生就會產生一百八十度的大轉變**，要知道，幸福與成功（快樂成功）就在這些樂趣的前方等著你。

樂趣比正確重要

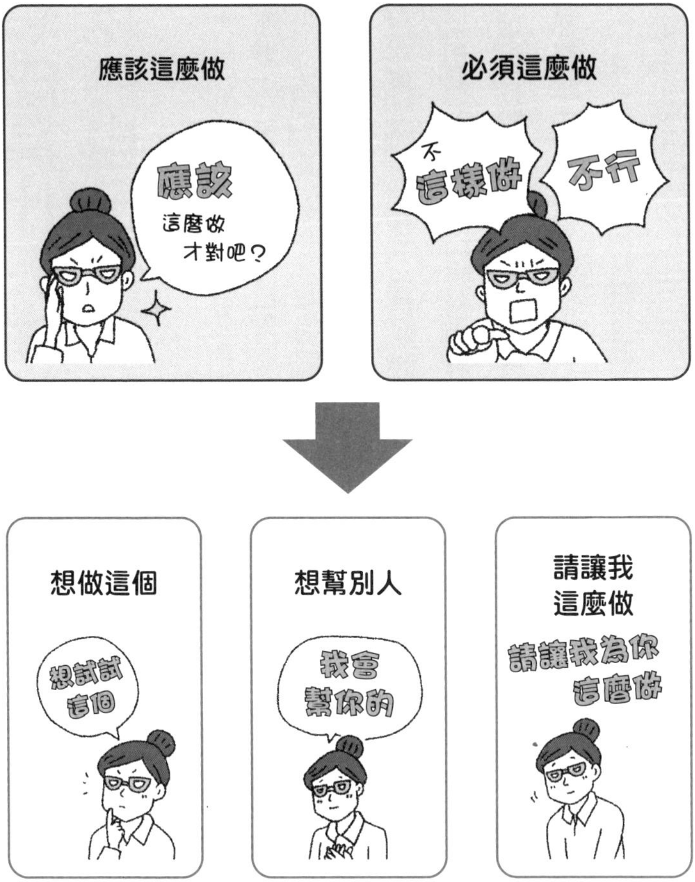

凡事以正確為優先，
就沒辦法做想做的事！

03

想成為什麼樣的自己？以「自己本來的樣子」為起點

大部分的人都沒想過「想成為什麼樣的人」。不過，只要了解真正的自我，就能發現「該做的事」。

①在九宮格的中心寫下「想要的東西」，再於周圍的八個空格寫下相關的事。

②以相同的方式寫下「想做的事」。

③以相同的方式寫下「理想中的自己」。大部分的人都會在③的時候卡關。大部分的人都想過「想要的東西（Have）」或是「想做的事（Do）」，卻沒想過「理想中的自己」。其實**最重要的就是Be**這個部分。釐清Be這個部分，代表擁有清晰的遠景。一旦知道自己該做什麼事，Do與Have的部分就會變得更清楚。

先從「Be」開始思考

〈 第一次 〉

別墅	戒指	自己的公司
跑車	Have	高樓公寓
名牌包包	禮服	高級手錶

環遊世界	創業	開車兜風
高空彈跳	Do	開派對
投資不動產	住在高樓公寓的頂樓	上電視

受歡迎	成為有錢人	被別人羨慕
	Be	

從 Have 開始想，會想不到 Be 的部分

〈 第二次 〉

更坦率	愛家人	感到雀躍
掌握未來	Be	保持健康
呈現自我	擁有自信	懂得感謝

敢拒絕不想去的聚餐	全家一起去旅行	培養新的興趣
找到一份安定的工作	Do	接受健康檢查
開始寫部落格	抬頭挺胸地走	跟朋友說謝謝

透天厝	家用汽車	桌遊
找到好公司	Have	健康診斷書
電腦	好穿的鞋子	謝卡

從 Be 開始想，就會知道自己要什麼

依照「Be（理想的自己）」→「Do（方法）」→「Have（擁有）」的順序思考。

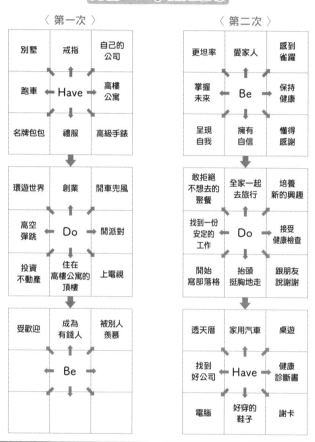

04

改掉「沒有時間」這個口頭禪

把「沒有時間」掛在嘴邊就會真的沒有時間。

大家是不是常常把「沒有時間」這句話掛在嘴邊呢？

一旦不經意地說出這句話，工作就會真的忙得沒有時間，甚至讓人陷入煩躁。

要解決這種狀態有兩種方法。

第一種就是告訴自己「有時間」。

或許有人覺得，光說不練有用嗎？但其實這句話能鼓舞自己，讓自己以不同的態度面對後續的工作。

一旦能沉著冷靜地面對工作，就能按部就班地完成每項作業。

第二種就是設定每項工作的所需時間。

我們常聽到「時間管理」這句話，但其實時間是無法管理的，**能管理的只有工作而不是時間**。

替每項工作設定所需時間，徹底管理工作進度，就能調整工作的時間與工作量。

如此一來，就等於產生多餘的時間了。

該管理的是工作而不是時間。

05

在不是那麼緊急卻很重要的事情上花時間

越忙的人，越容易以「緊急程度」作為行動準則，但如此一來，就有可能忽略「不那麼緊急，卻很重要的事情」。

不過，這類事情往往能帶領我們掌握幸福與成功。

透過優先矩陣整理事情，**「依照重要度決定哪些事情要做與不做」**，人生肯定能邁入另一個階段。

在有價值的事情上花時間。

	緊急的事情	不緊急的事情
重要的事情	客訴電話 解決糾紛	重訓、 學習、 建立人際關係
不重要的事情	聚餐的準備、 雜事	說別人壞話、 講很久的電話

06

直覺很重要，「如果不知道該不該做，就不要做」

如果很嚮往某件事的話，當然是先行動再說，但真正的問題是，陷入迷惘的時候該怎麼辦。「感覺是個能賺大錢的事情」、「有想介紹的人」這有可能是機會，但也有可能是陷阱。如果遇到這種兩難的局面，我的建議都是「不知道該選哪一邊就放棄」。大部分的人在陷入迷惘時，都會硬著頭皮去做，然後就失敗。**不知道該怎麼選擇就不要下決定。先等事情沉澱下來，明天再重新思考**。一旦懂得退一步思考，就會覺得為了這些事情煩惱的自己很可笑，人生也會變得更簡單。

是清晰的遠景還是模糊的想像？讓我們重視直覺吧。

07

讓夢想化為遠景

夢想總是令人快樂，因為夢想百分之百是屬於自己的東西。不過，人類真的是不可思議的生物，因為**若只是為了自己，就無法打從心底感到幸福與感動**。「想成為咖啡店老闆」是個人的夢想，但如果想「打造一個讓在地人有機會交流，得到激勵的場所」，那就是所謂的遠景（志業）。重點在於不要把個人的夢想當成人生的終點。**以個人夢想為起點，以服務他人為終點**，自己與別人就能得到幸福與成功。

讓夢想昇華成「服務他人」的「遠景」。

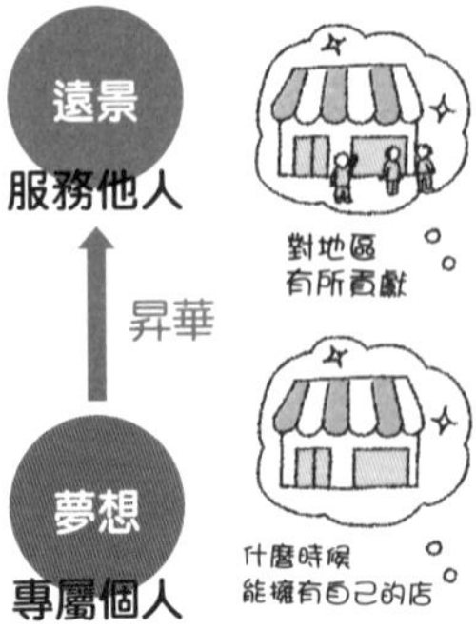

08 描繪人生曲線

小時候被霸凌，青春期的失戀與被背叛，如果忘不掉這些痛苦的回憶，請試著描繪「人生曲線」。這個曲線的橫軸是時間，直軸是滿足度。

如此一來，**你就會覺得人生的轉捩點是那些讓你覺得悲慘的低谷**，而不是那些幸福的時刻。雖然遇到痛苦的時候，免不了憤怒或是悲傷，但從人生曲線這個宏觀的角度來看，那些痛苦就會變成具有正面意義的轉捩點。

不管是什麼事情，都能從中找出正面的意義。

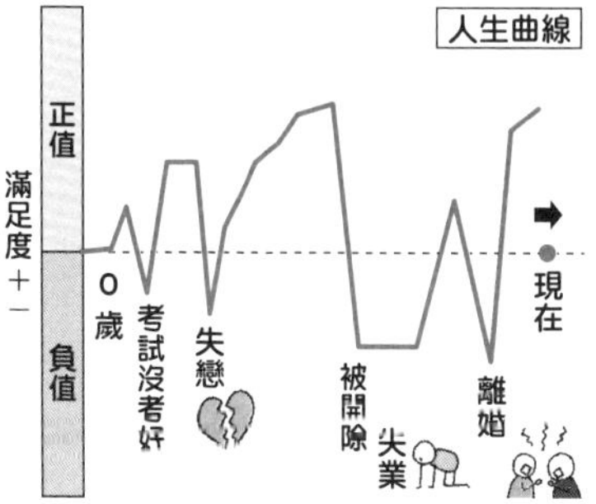

09

從自家玄關前方三公尺起跳

我們下班回家時，通常已經累得半死。如果帶著疲累不堪的心情走進家門，那麼本該讓心情煥然一新的房間，就會變成累積疲勞的場所。

因此，**適時切換心情是件非常重要的事情**。如果能在距離玄關三公尺的地方開始跳躍，心情自然會變得飛揚，因為生理與心理是互相影響的。就算是一個人住，也可以在回家時，對著空蕩蕩的屋子說「我回來了」，這樣家就會變成療癒的空間。

透過充滿活力的行動，讓心情變得美麗！

10 利用搬家改變運氣

陷入沮喪、難以振作……任誰都會有這種時期。在山窮水盡的時候，逃離當下的情況，不失為一個好選擇。

要想改變人生的走向，不妨試著改變場所，也就是所謂的搬家。

搬家之後，除了可以住進新房間，超市、圖書館以及可去的地方都會變得不同，心情也會出現一百八十度的轉變。

搬家可說是讓心情快速重設的戰略。

如果陷入難以振作的情況，換個地方也是不錯的選擇。

PART

8

成功人士的「思考」習慣　總結

- [ ] 將「人生當成一場遊戲」 126 頁
- [ ] 以「樂趣」做為選擇的基準 128 頁
- [ ] 從最真實的自我開始思考 130 頁
- [ ] 替每個步驟設定時間 132 頁
- [ ] 依照重要度決定事情，而不是依照緊急程度 134 頁
- [ ] 不知該如何決定時，等到隔天再思考 135 頁
- [ ] 思考自己與別人的幸福 136 頁
- [ ] 正面看待痛苦 137 頁
- [ ] 一個人住也要開心地說「我回來了」 138 頁
- [ ] 很沮喪的時候就搬家 139 頁

PART

9

成功人士的
「工作」習慣

佔據最多時間的就是工作，
而且工作也很常讓我們累積壓力。
不過，工作也能磨練我們，讓我們更上一層樓。
讓我們將工作轉換成邁向成功的「志業」，
藉此獲得快樂與成功。

01

讓「工作」昇華為「志業」

工作往往佔據了一整天的大半時間，
所以如何度過工作時間，將左右我們的人生。

我們每天都把大部分的時間用在工作上，所以透過工作來掌握幸福與成功，可說是邁向快樂人生的捷徑。

「工作」其實分成三種：

- **私事** 自己的喜好或樂趣。
- **公事** 為了別人而做，會得到酬勞的事。
- **志業** 自己想做，同時能成就他人的事。

三種「工作」

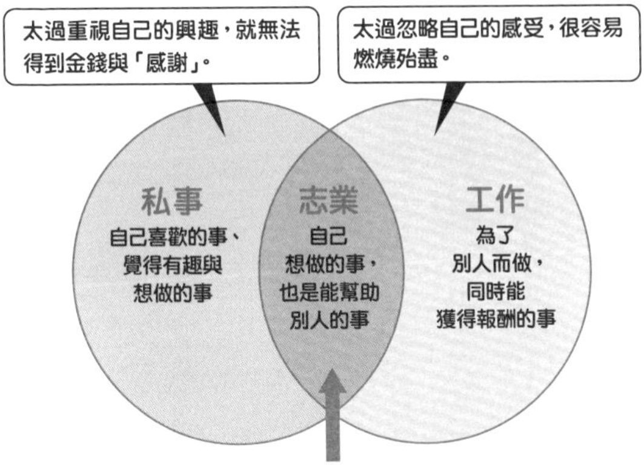
太過重視自己的興趣，就無法得到金錢與「感謝」。
太過忽略自己的感受，很容易燃燒殆盡。
私事
自己喜歡的事、覺得有趣與想做的事
志業
自己想做的事，也是能幫助別人的事
工作
為了別人而做，同時能獲得報酬的事

重點在於增加「志業」的部分！

之所以能透過「工作」獲得酬勞，是因為幫助了別人。不過，討厭的工作會讓我們承受壓力，也無法持之以恆。

對他人無益的事情無法帶來收入。**「私事」雖然很有趣，但一直做同一件事，總有一天會生厭，因為每個人都希望感受到被需要的快樂。**

換言之，人生若只有「私事」與「工作」會變得很空虛，或是覺得很疲乏，不知該怎麼走下去。拿捏上述三種「工作」的平衡非常重要。

讓自己覺得有趣的事情成為別人的助益。

02

擁有沒來由的自信

要增加既是「私事」又是「公事」的「志業」，就要先擁有自信。

最理想的「工作」就是私事與公事混合而成的「志業」，也就是**自己想做，同時又能幫助別人的事**。我們沒辦法讓「工作」完全等同於志業，所以在重視私事與公事的同時，一邊慢慢地增加「志業」的比例是非常重要的一件事。

自己想做的「工作」能讓人綻放笑容。

就算一開始只是為了「自己」也沒關係，只要以「成就他人」為終點，總有一天能掌握幸福與成功。

將自信輸入潛意識

那麼，能增加志業這個部分的人與無法增加的人，有什麼不同呢？

答案就是能否對著自己說「我可以」。這種自信不需要任何根據，只要想著「我可以」就好。

如果覺得自己沒什麼自信，**就試著對自己說「我總有一天能達成」**。

就算只是幻想，一旦潛意識認定這個幻想是某種現實，這個幻想就會實現。這就是人類大腦的運作機制。

告訴自己「我可以」、「我總有一天能達成」。

03

不要在意與別人的不同

每個人的個性之所以不同，全是因為大腦的類型不同，所以不需要一直計較與別人的差異。

進入社會一段時間之後，是不是偶爾會想要批評別人的個性呢？其實這不是個性的問題，只是**大腦的類型不同所造成的差異**。

讓我們一起診斷大腦的類型吧。根據心理學博士坂野登的說法，手指的交握方式代表輸入的類型，雙手抱胸的方法代表輸出的類型。如果**左手在上，代表「感覺型的右腦」較為活躍；如果右側在上，代表「邏輯型的左腦」較為活躍**。光是這種組合就有四種，所以能夠明白人類的大腦的確有所不同，也就更能夠接受不同的意見。

你的大腦類型是？

輸入　輸出

大腦類型	手指交握方式	雙手抱胸方式	特徵
感覺、感覺類型	 左手手指在上 右腦（感覺）	 左臂在上 右腦（感覺）	樂天、坦率 我行我素、自戀、 草率、散漫 不擅長整理 天才型 藝術家氣質
感覺、邏輯類型	 左手手指在上 右腦（感覺）	 右臂在上 左腦（邏輯）	個性多變 好勝 喜歡宅在家 固執 力爭上游類型
邏輯、感覺類型	 右手手指在上 左腦（邏輯）	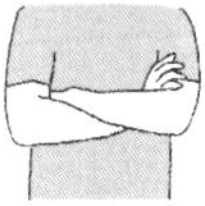 左臂在上 右腦（感覺）	善於聊天 愛社交 愛八卦 好管閒事 大剌剌 善於說服
邏輯、邏輯類型	 右手手指在上 左腦（邏輯）	 右臂在上 左腦（邏輯）	龜毛、冷靜 完美主義、十分努力 很有計畫卻不善於臨機應變 聰明可靠 適合當學者或官僚

為了大腦類型所造成的差異煩惱，
等於浪費時間。

04

在職場宣告「〇〇隊」

說到〇〇隊，很容易讓人聯想到體育競賽對吧？在職場與志同道合的人組隊也是不錯的選擇。

近年來，「侍Japan」這種日本國家代表隊特有的隊名越來越多。這種**獨特的隊名可大幅強化團結與向心力**。成功的人身邊一定有幫助他的人，或是為他加油的人。要想建立這種人際關係，就要先讓別人知道，你與他在同一艘船上面。

具體來說，就是**以對方的名字替團隊命名**，比方說，可大膽地說出「我是〇〇隊的成員」或是「〇〇隊加油」，人類往往能在這種同舟共濟的情況下發揮潛力。成為團隊成員的喜悅肯定能成為工作的動力。

組成團隊，強化團結與向心力

建立以對方為主軸的團隊

讓我負責吧！
因為我是吉田團隊的
成員啊！
真不好意思啊。
自己
吉田

遇到問題時

對方會予以協助與鼓舞

怎麼了？
自己
吉田

與對方一起蘊釀同心協力的氛圍。

05

報告與聯絡要趁著上午完成

在報告、聯絡與討論這三件事情之中，報告與聯絡要在上午完成。討論則排到下午再進行。

日本的職場很強調「報告、聯絡、討論」這三件事，但**報告與聯絡可排在上午，討論則可排到下午**。

一來是報告與聯絡越早完成越好，二來是早上聯絡後，下午就能進行討論。就算是難以啟齒的報告，趁著心情不錯的早上報告，說不定也會比較容易。

在報告或是聯絡時，最適合的工具就是電子郵件或是聊天軟體這類數位軟體，因為可以留下記錄。

比方說，只要有告知「○月△日是最終期限」的電子郵件，雙方就不會因為日期而誤會彼此。

剩下的**討論則比較推薦選在時間相對留有餘裕，而且彼此能面對面的下午進行**（線上開會的話，只需要打開攝影機）。

面對面可以強調一些透過電子郵件難以表達的語感。

在會議室討論也可以，邊喝下午茶邊討論也不錯。先了解上午與下午的工作不一樣就好。

為了留下報告與聯絡的記錄，建議使用電子郵件與聊天軟體。

06

在寫電子郵件之前，先確認行程表

在早上打開收件匣之前，先確認當天的行程。

大部分的人在開始一天的工作之際，都是先打開電腦，然後確認電子郵件對吧？但是本書不太建議從檢查電子郵件開始，因為在回信或是查資料的過程中，時間一下子就過去了。

早上通常是相對靜態的時間，**所以第一步先打開行程表，確認當天有哪些行程**。此時的重點不在於當天的「待辦事項」而是「流程」。

比方說，「〇時開會」、「從□時開始與△吃飯」這些就是待辦事項。

反之「在〇時的會議之前的三十分鐘完成資料的準備」、「為了在□時之前趕到餐廳，××業務要提早一個小時結束」這種具體的規劃才是所謂的流程。

建議大家依照待辦事項規劃自己的行動。

只要能掌握流程，之後就只剩下在正式上場的時候全力以赴。

早上的行程安排絕對會影響當天的工作品質。

在開始工作之前先確認流程，工作品質就會大幅提升。

07

三分鐘之內能做完的事，當下立刻做

許多人都會使用「To Do List」管理工作，但是卻常常輕視那些「可以順手完成，卻不太重要的工作」，導致這類工作越堆越多。**就算是很簡單的工作，每次都覺得「其他的工作比較重要」的話，還是會造成壓力**。一旦工作越積越多，就有可能因為焦急而無法正常發揮實力。

如果是三分鐘之內就能做完的工作，建議大家立刻做。「完成一件工作」的成就感，會轉變成處理下一件工作的動力。

不起眼的工作也建議「立刻做」，壓力就會轉換成動力。

08

堅持使用方便好用的工作用具

正所以工欲善其事，必先利其器，建議大家為自己準備最順手的工具吧。**工作用具可以多講究一點，以及稍微奢侈一點**。

可以立刻套用這個觀點的是文具，尤其推薦大家買支鋼筆。

正因為現在是電腦的時代，手寫的備忘錄才有價值，而且手寫也比較容易產生靈感。使用方便實用的工具，將一步步將你帶往優質的工作。

想要得到成果，就要先勇敢投資。

PART

9

成功人士的「工作」習慣　總結

- [ ] 拿捏三種「工作」的平衡　142頁
- [ ] 試著說出「我可以！」　144頁
- [ ] 接受同事的不同意見　146頁
- [ ] 透過自創的團隊名稱提高向心力　148頁
- [ ] 透過電子郵件、聊天軟體報告與聯絡　150頁
- [ ] 別一大早第一件事就先檢查電子郵件　152頁
- [ ] 簡單的工作立刻做　154頁
- [ ] 選用優質工作用具　155頁

PART

10

成功人士的「學習」習慣

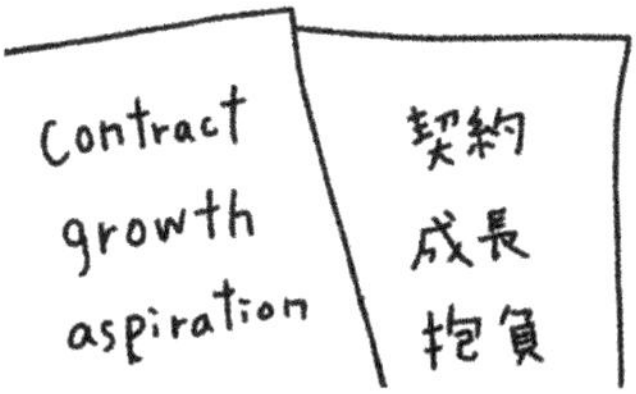

學習可提升技巧或是增進涵養，
也能讓心靈變得更加富足。
讓我們將能夠持之以恆
又有效的學習方法培養成習慣吧。

01 以二十分鐘為單位學習

只要掌握祕訣，就算是忙碌的社會人士也能持續學習。
這個祕訣就是以「二十分鐘」為單位。

「想學習」的人很多，但問題在於時間。對每天很忙碌的人說「花兩個小時學習」，恐怕對方只會覺得「哪有那個美國時間」。不過，若是**「只花二十分鐘的話，應該就能隨時開始學習」**。

其實**人類的專注力最多持續十五分鐘**。與其散漫地學習好幾個小時，不如集中精神學習十五分鐘。

最後的五分鐘是稍事休息的時間，可在這五分鐘**複習一下剛剛的十五分鐘學過什**

累積「十五分鐘＋五分鐘」的效果

麼。比方說，蓋上筆記想一下，或是試著解決剛剛圈起來的問題，應該就會發現，明明剛剛才學過，有些東西卻還沒完全輸入腦袋。

如果發現明明學過，卻還不太熟悉的內容，其實是件很幸運的事，此時只要翻開筆記本或教科書，就會有種「恍然大悟」的快感。

這些內容也會在**這個瞬間徹底輸入腦袋，之後想忘也忘不了**。這五分鐘的複習有強化印象的效果，請大家務必試試看。

若是只花二十分鐘，就能隨時開始學習。

02

效果驚人的「間隔模組學習法」

一如建築物是由一塊塊模組組成，
學習也是由一塊塊模組組成，才能發揮效果。

房子或是大樓通常是利用「模組」組成，而我將模組與前述的間隔組成的學習方式稱為**「間隔模組學習法」，也就是「十五分鐘學習＋五分鐘複習」**的學習方式。

如果是學生的話，可將單一學科的內容視為一個模組。如果狀況不錯的話，可將其他學科當成另一個模組，繼續學習下去。

如果已經是社會人士，可將英語對話視為一個模組，將證照考試視為另一個模組，藉此訂立專屬的學習計畫。令人意外的是，這麼做可以拉長有效的學習時間。

締造成果的「間隔模組學習法」

十五分鐘學習
（模組）

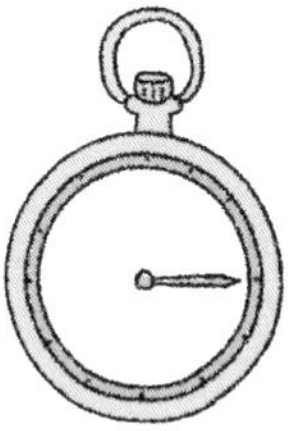

專心學習
十五分鐘

＋

五分鐘複習
（間隔）

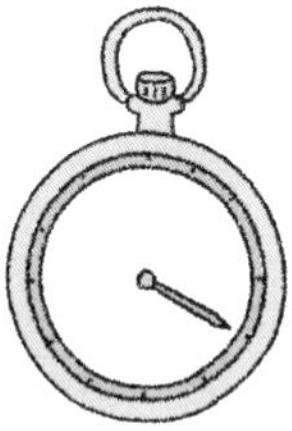

回想與確認
剛剛學過的內容
與強化印象

間隔模組學習法

重覆克服單一模組的內容，
就能拉長有效學習時間。

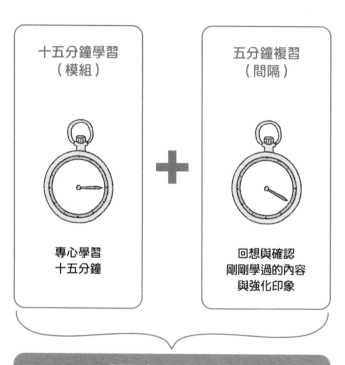

03

利用人體的構造背誦

之所以覺得自己的記性不好，是因為沒善用自己的身體構造。只需要掌握一點小技巧，就能一步步提升輸入的效率。

一背就忘絕對不是因為腦袋不靈光。而是因為**過度依賴大腦**。換句話說，**背誦時，適度地活動肌肉，能有效提升背誦的效率**。不難想像的是，與在床上翻來翻去相比，坐在椅子上比較會用到背肌與腹肌，效果也比較好對吧。

此外，**一邊站著，一邊不斷複誦，能促進血液循環，讓大腦活化，也能更快記住內容**。在房間來回踱步、稍微做幾下深蹲或是跳一下方塊步，也是不錯的選擇。這些簡單的動作都能幫助我們記住東西。

有效的背誦技巧

用筆寫字

用筆畫紅線，可讓我們更快記住內容。

每念一次，就閉眼一次

讀完內容之後閉起眼睛，能更快記住內容。張開眼睛之後，可再讀一次。

用力壓指甲

從拇指開始，依序用力壓食指、中指。壓到有點痛，就能刺激大腦。

在學習前，做三分鐘的前彎與背橋

這麼做可促進微血管的血液循環，拉長專注的時間。

動一動非慣用手

可用非慣用手寫字，或是用手指敲幾下桌面，藉此刺激右腦。

塞耳塞與輕聲說話

這麼做可讓自己的聲音聽起來不一樣以及提升專注力。

立刻複習

上完課之後，趁著休息時間的三分鐘回想重點。

讀出聲音六次

慢讀三次，再快讀三次，藉此強化印象。

讓肌肉、血液循環與五感發揮到極限。

04

在學習之前做伸展操

成績不錯的孩子都有身體柔軟度不錯這個共通之處！
讀書之前的伸展操非常重要！

在指導小學生與大學生的過程中，我發現一個共通之處。那就是——
「成績不錯的孩子，身體也都很靈活」
「成績差強人意的孩子，身體都很僵硬」

我便因此覺得，是不是身體靈活，成績就會跟著變好，也因此要學生在讀書之前，務必做做前彎與背橋。

結果發現，原本專注力不佳的孩子變得能靜靜地讀書，讀書效果也有明顯的進步。

前彎與背橋之所以能提升專注力，全是因為血液會流回大腦。

由此可知，**在學習之前做一些類似運動的熱身操，就能提升血液循環，讓學習效率大幅提升**。

除了前彎與背橋之外，也可以轉轉頭部或是肩膀。

讓頭部緩緩地往左右各轉三圈，就能讓血液流回大腦。

此外，將注意力放在肩胛骨，再讓肩膀往前後各繞三圈，就能讓背部放鬆。

在學習之前做做伸展操，促進血液循環，學習效率就會大幅提升。

05

多讓非慣用的那隻手活動

人類的大腦分成右腦與左腦，而且分別與身體的另一側連接。讓我們積極地運用這種連接吧。

人類的大腦分成右腦與左腦。

鍛練右腦，就會增強數學、理科這類理科或是藝術學科的實力。鍛練左腦，則會增強國文、社會這類文科的實力。

那麼，該怎麼鍛練右腦與左腦呢？

右腦與左腦分別與身體的另一側連接。意思就是右腦與左半邊的身體連接，左腦與右半邊的身體連接。

換句話說，**使用右手可鍛練左腦，使用左手可鍛練右腦**。

不過，不需要為了鍛練大腦而改變慣用手，只需要**多使用非慣用的那隻手**即可。

比方說，在利用右手寫字的時候，利用閒著的左手指讀或是用手指輕輕地在桌面敲出聲音。

如此一來，右腦就會從左手得到刺激，進而提升學習效率。

在背英文單字的時候，可一邊用右手寫單字，一邊用左手指讀，同時刺激左右腦，就能一下子記住想背的單字。

多活動非慣用的那隻手，可提升學習效率。

06

記錄成果，創造成就感

利用Excel製作確認與管理學習成果的表格。

既然要學習，就需要**製作管理與確認成果的表格**。只要能親眼看到學習成果，就能持續點燃學習意願。反之，也可以一眼看出還沒學會的部分，就能在週末的時候，把沒念完的部分念完。

此外，這種表格也能為自己帶來信心與充實感。由於要做的事情變得非常明確，所以就不會產生「是否應該再多讀一點」這種不安的感覺。

建議使用Excel製作這種表格。

利用Excel製作管理表的方法

利用Excel製作表格。

	背三個英文單字	讀一頁電腦參考書	
2021年12月1日			
2021年12月2日			
2021年12月3日			
2021年12月4日			
2021年12月5日			
2021年12月6日			
2021年12月7日			
2021年12月8日			
2021年12			

重點在於細分成能快速讀完的項目。

讀完的項目可像這樣標記顏色。

在垂直的欄位填入日期，在水平的欄位填入學習項目之後，再利用顏色標記學完的項目。

這種記錄的祕訣在於，所有的學習項目都是在十五分鐘之內可以完成的內容。建議大家根據**間隔模組學習法，將各項目拆成細項**。以英語為例，可拆成「聽解十五分鐘」、「文法十五分鐘」、「英文作文十五分鐘」等細項。

此外，也可以放入**三分鐘就能完成的學習項目**，以便在狀況不佳的日子繼續學習。

將學習項目拆解成十五分鐘之內就能完成的細項。

07

透過「匆匆一瞥」的方式，在三分鐘之內記住四十五個英文單字

比起盯著不放，透過這種「匆匆一瞥」的閱讀方式，更能快速記住單字。

要在三分鐘之內記住四十五個英文單字，要先準備六張紙。

首先在第一張紙上由上而下，寫出十五個單字，接著在第二張紙上依照第一張紙的順序，寫出單字的中文。寫完之後，讓這兩張紙上下重疊（利用六張紙做出三組）。

接著，**在念出第一張紙的第一個英文單字之後（一秒），翻開第一張紙，看一下這個單字的中文（一秒）**。重覆這個過程之後，確認一下還有沒有記不得的單字。如果有，就再看一下。光是這麼做，就能以快得難以置信的速度記住單字。

推薦的英文單字背誦法

1 將一張寫了「英文單字」與一張寫了「中文意思」的紙疊在一起。

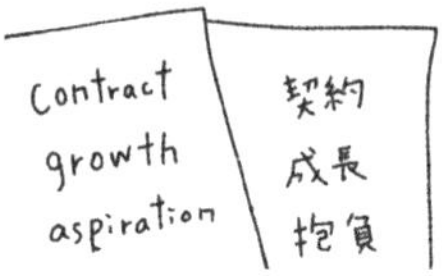

2 一邊翻開第一張紙，一邊由上而下，依序背誦單字。

3 如此一來，就會記住比想像中更多的單字！

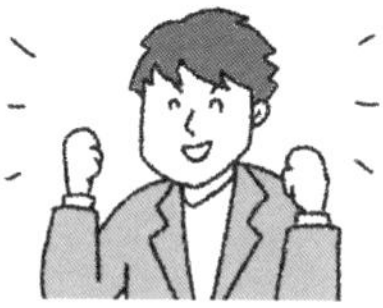

這種匆匆一瞥的方式反而能留下深刻的印象。

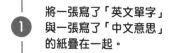

08 在早上使用計時器學習，能提升學習效率

如果想採用剛剛推薦的間隔模組學習法，也就是十五分鐘＋五分鐘，總計二十分鐘的學習方式，建議在早上執行。一說認為，**早上的學習成效是晚上的六倍**。

此外，**搭配計時器的話，效果更佳**。仔細規劃每個起點與終點，就能透過「期限」創造的壓力提升專注力，也能讓學習變得更有彈性。

如果很想睡或是想看電視，不妨**出門，去咖啡廳讀書**。適度的噪音（白噪音）反而能幫助我們集中注意力。

早上的學習成效是晚上的六倍！
讓我們一起提升學習成效吧。

09

讓厚厚的教科書變薄

證照的教科書或是參考書，通常都厚得跟磚頭一樣，讓人不知道該從何讀起，也很容易讀到一半就放棄。因此建議大家**將厚厚的教科書拆散**。不管是多麼厚的教科書，一章也頂多幾十頁，所以只要依照章節拆散，教科書就會變薄。

拆成一章章的教科書可利用大型釘書機固定，然後再利用書背膠帶黏牢。書背膠帶可在文具店輕鬆購得。

手工自製的書本會讓人愛不釋手，也會更想閱讀。

拆散教科書，避免讀到一半放棄。

PART

10

成功人士的「學習」習慣　總結

- [ ] 學習十五分鐘，複習五分鐘　158頁
- [ ] 以單一模組的方式擬定學習計畫　160頁
- [ ] 站著低聲複誦，記住要背誦的內容　162頁
- [ ] 利用伸展操促進血液循環之後再開始學習　164頁
- [ ] 利用非慣用的那隻手增加刺激　166頁
- [ ] 管理與確認學習成果　168頁
- [ ] 在念出英文單字之後，迅速翻閱中文意思　170頁
- [ ] 利用計時器讓學習更有彈性　172頁
- [ ] 將厚厚的教科書拆散　173頁

PART

11

成功人士的「筆記」習慣

突如其來的靈感一旦發酵，
就有可能帶我們走向成功，
也有可能成為指引人生的羅盤，
而這就是寫筆記的好處。
讓凌亂的資料發酵成有用的資訊吧。

01

讓凌亂的筆記發酵成有用的資訊

有效地整理筆記，就能透過筆記本實現夢想。

如果你也想要實現夢想，請務必養成寫筆記的習慣。

比方說，李奧納多．達文西就留下了許多筆記，愛迪生更是知名的筆記魔人。他們把自己的想法寫成筆記之後，一步步實現想法與夢想。**筆記就像是一台曲速引擎，能讓我們瞬間抵達夢想實現的境地**。

除此之外，**寫筆記還有「記錄自己的人生軌跡」以及「累積知識」的優點**。

要注意的是，必須正確使用筆記，才能發揮筆記的效果。以我為例，我雖然從年輕

篩選凌亂的筆記

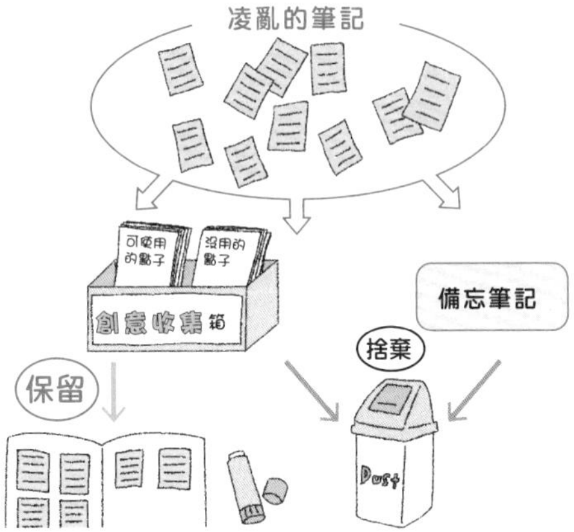

的時候就開始寫筆記，卻寫得漫無章法。

筆記寫得亂七八糟是一回事，但**沒有一套整理它們的系統，就無法讓筆記發揮效果**，當時的我也完全不知道這件事。

所以本章要介紹讓凌亂的資訊彼此串連的筆記習慣。

立刻準備一本筆記本，化身筆記魔人吧。

02

視情況使用三種筆記

筆記分成「備忘筆記」、「創意筆記」與「遠景筆記」三種。
第一步先了解這三種筆記的相關性。

筆記分成下列三種：

①**備忘筆記** 記錄不能忘記的事情或待辦事項。例如採買物品的筆記。

②**創意筆記** 記錄突然想到的靈感。

③**遠景筆記** 撰寫人生的夢想。

大部分的人都忙著撰寫備忘筆記，但**其實最重要的是遠景筆記**，其次是創意筆記，最後才是備忘筆記。

三種筆記的相關性

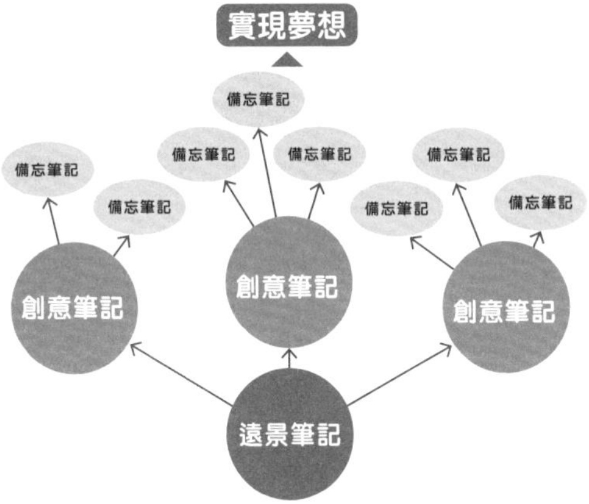

創意筆記可一頁記錄一個主題。字寫得不漂亮，或是留一堆空白也沒關係。之後可加註相關事項或是修正創意。

創意筆記可保存於固定的位置，並在過了一段時間之後，挑出需要的內容，再貼進筆記本，不需要重新謄寫。備忘筆記則是事情完成就可以丟進垃圾桶。

精選的筆記可集中於一處管理，讓這些筆記產生化學變化，進而發酵成企劃。

大家常忙於處理備忘筆記，但最重要的其實是遠景筆記。

03

備忘筆記與創意筆記的寫法

寫筆記的祕訣在於加註日期與地點。

寫筆記的時候，必須知道「自己正在寫什麼筆記」，因為**備忘筆記往往是肯定句（以「句號」結尾）**，**創意筆記往往是疑問句（以「問號」結尾）**。這兩種筆記的優點在於內容處理完畢之後，能一眼看出是要報廢還是保留。

另外，這兩種筆記都需要加註「**日期**」。此外，創意筆記還可以加註「時間」與「場所」。如此一來，在日後翻閱的時候，就會知道最能激發創意的黃金時段以及幸運場所在哪裡了。

創意筆記與備忘筆記

▶創意筆記

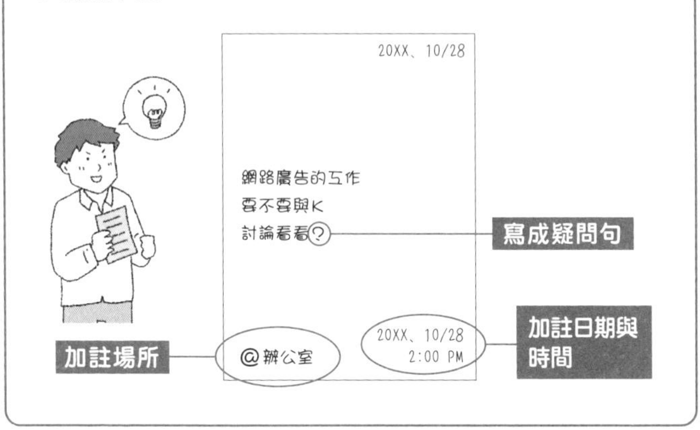
20XX、10/28
網路廣告的工作
要不要與K
討論看看?
寫成疑問句
@辦公室
加註場所
20XX、10/28
2:00 PM
加註日期與時間

▶備忘筆記

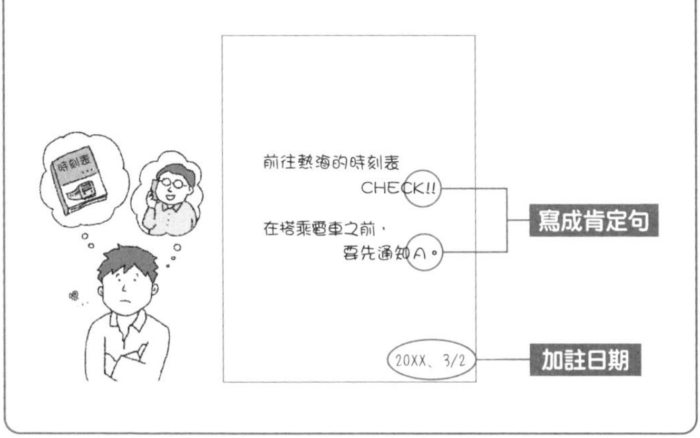
時刻表
嗯⋯
前往熱海的時刻表
CHECK!!
在搭乘電車之前，
要先通知A。
寫成肯定句
20XX、3/2
加註日期

了解專屬自己的黃金時段與幸運場所。

04 定期重新檢視創意筆記

設定重新檢視筆記的時間與地點。

要想活用創意筆記，第一步就是養成重新檢視筆記的習慣。

就算乍看之下是零散的筆記，只要能重新組織具有相關性的筆記，就能寫出很精彩的企劃。細碎的筆記是優秀作品與工作的「素材」，也是「箇中元素」。

要養成重新檢視筆記的習慣，就要先設定**重新檢視筆記的「時間」與「地點」**。如果一直覺得「之後再重新看一遍」，就很難真的重新檢視這些筆記。

最建議的是一週重新檢視一次。如果拖過三個月，就會不知道那些筆記放在哪裡，甚至連筆記是否還存在都忘了。

也可以從臨時存取處拿出筆記，在貼入筆記本的時候重新檢視筆記。

以我為例，我都是在星期六上午，書房打掃完畢之後，在整理文件的備用桌前重新檢視筆記的。

也可以選在下午稍事歇息的時候重新檢視筆記，或是選在喜歡的咖啡廳檢視筆記。

定期重新檢視筆記，能讓筆記與筆記互相串連成有效的資訊。

05

透過雲端統一管理

同時活用數位與類比的優點與缺點，才是最理想的筆記方式。比方說，一邊利用錄音筆錄音，一邊動手寫下筆記，這種視情況選用不同的方式寫筆記，是非常重要的一件事。因此，建議大家準備一台**專屬的筆記型電腦或是平板電腦**。

儲存在筆記本的筆記最終可透過雲端統一管理。假設筆記本有很多本，會變得很難統一管理，所以存在雲端，就能在外出時翻閱筆記。建議大家在透過雲端管理筆記時，要先粗略地依照主題分類筆記。

管理筆記的祕訣在於依照主題分類。

06

善用數位筆記

最近似乎越來越多人使用智慧型手機的筆記本工具記錄靈感。除了文字之外，也可以記錄語音、圖片或是影片，真的是非常方便的工具。

- **語音** 利用自己的聲音記錄靈感，也可以錄下演講或是座談會的內容。如果安裝了語音辨識軟體，還能直接將語音轉換為文字。
- **圖片** 可拍成照片，再利用電子郵件傳送。
- **影片** 就算是長度只有幾十秒的影片，也能重現臨場感。

善用語音、圖片與影片，在不同的筆記之間創造化學反應。

07

遠景筆記的寫法

遠景筆記是幫助我們脫離困境的救命繩。
建議每一年重寫一次。

早期的船員在黑漆漆的海上航行時，能仰賴的只有天上的北極星。遠景筆記就像是我們的北極星，是為了**抵達人生的應許之地而寫的筆記**。

要於人生乘風破浪，就必須找到指引方向的北極星。如果總是隨波逐流，是絕對無法抵達終點的。

要突破困境，就少不了遠景筆記。

在遭遇困難或是被眼前的高牆堵住時，**遠景筆記就是幫助我們跨越困境的救命繩**，而且也是備忘筆記與創意筆記的根基。

建議將遠景筆記**寫在萬用手帳的第一頁**。如果有示意照片，也可以貼在旁邊。

每逢生日或是除夕這類每年的大節日之際，重新檢視與書寫遠景筆記，藉此讓遠景變得更加清晰。

遠景筆記不是寫一次就結束的筆記，而是伴著你一同成長的人生里程碑。

遠景筆記可寫在萬用手帳的第一頁，並且定期重新檢視。

PART

11

成功人士的「筆記」習慣　總結

- [ ] 立刻準備筆記本 176 頁
- [ ] 了解三種筆記的差別 178 頁
- [ ] 筆記一定加註日期 180 頁
- [ ] 決定重新檢視筆記的時間與場所 182 頁
- [ ] 透過雲端統一管理筆記 184 頁
- [ ] 善用語音、圖片與影片 185 頁
- [ ] 於萬用手帳的第一頁撰寫遠景筆記 186 頁

結語

習慣造就人生——「祕密習慣」的真面目

我曾採訪多位料理達人，結果發現，這些料理達人都有**「用完的工具立刻收拾」**的習慣。

乍看之下，這似乎是理所當然的習慣，但這些達人卻異口同聲地說「一般人很難做到這點」。

身為腦外科醫師與醫學博士的父親在世的時候也曾告訴我，開刀要開得好，「手術室的環境就要夠完備，還要將手術所需的工具擺得整整齊齊」。

習慣造就人生，每天的微習慣（小習慣）將累積成我們的人生。

不管數位技術多麼進步，也不管社會變遷多麼激烈，我們的人生都是由這些日常的小習慣累積而成的。

因此，試著以客觀的角度評估到目前為止的習慣，不過度高估與低估這些習慣，是非常重要的一件事。

因為，這些習慣就代表你是怎麼樣的人。

「祕密習慣」其實就是「微習慣」。

微習慣其實是比各位想像的更加不起眼的事。

比方說，「摸一摸散步用的鞋子」這種習慣，而不是「每天散步一小時」。沒錯，就是這種小到讓人覺得可笑的習慣。

但願各位能在閱讀拙著之後，重新檢視在起床到就寢這段時間的每個小習慣，然後將這些小習慣整理成表格。

接著再將這些習慣拆解成微習慣，一步步修正這些習慣。

有朝一日就會產生「改善這個習慣之後，莫名覺得雀躍」的感想。

培養微習慣的祕訣在於以「樂趣」為基準，不以是否「正確」為依據。

「讓生命發光發熱的習慣」正是「祕密習慣」的真面目。

【習慣專家】佐藤傳

Author 佐藤傳

Illustrator 吉村堂(アスラン編集スタジオ)
Book Designer 【封面】小口翔平＋奈良岡菜摘(tobufune)
【本文・DTP】伊延あづさ　佐藤純(アスラン編集スタジオ)

Publisher 谷口奈緒美
Editor 原典宏　三谷祐一
編集協力:野村佳代　青木啓輔(アスラン編集スタジオ)

Store Sales Company 安永智洋　伊東佑真　榊原僚　佐藤昌幸　古矢薫　青木翔平　青木涼馬　井筒浩
小田木もも　越智佳南子　小山怜那　川本寛子　佐竹祐哉　佐藤淳基　佐々木玲奈
副島杏南　高橋雛乃　滝口景太郎　竹内大貴　辰巳佳衣　津野主揮　野村美空
羽地夕夏　廣内悠理　松ノ下直輝　宮田有利子　山中麻吏　井澤徳子　石橋佐知子
伊藤香　伊藤由美　葛目美枝子　鈴木洋子　畑野衣見　藤井かおり　藤井多穂子
町田加奈子

EPublishing Company 三輪真也　小田孝文　飯田智樹　川島理　中島俊平　松原史与志　磯部隆
大崎双葉　岡本雄太郎　越野志絵良　斎藤悠人　庄司知世　中西花　西川なつか
野﨑竜海　野中保奈美　三角真穂　八木眸　高原未来子　中澤泰宏　俵敬子

Product Company 大山聡子　大竹朝子　小関勝則　千葉正幸　原典宏　藤田浩芳　榎本明日香
倉田華　志摩麻衣　橋本莉奈　牧野類　三谷祐一　元木優子
安永姫菜　渡辺基志　小石亜季

Business Solution Company 蛯原昇　早水真吾　志摩晃司　野村美紀　林秀樹　南健一　村尾純司

Corporate Design Group 森谷真一　大星多聞　堀部直人　村松伸哉　井上竜之介　王廳　奥田千晶
佐藤サラ圭　杉田彰子　田中亜紀　福永友紀　山田諭志　池田望　石光まゆ子
齋藤朋子　竹村あゆみ　福田章平　丸山香織　宮崎陽子　阿知波淳平　伊藤花笑
岩城萌花　岩淵瞭　内堀瑞穂　遠藤文香　王玮祎　大野真里菜　大場美範
小田日和　金子瑞実　河北美汐　吉川由莉　菊地美恵　工藤奈津子　黒野有花
小林雅治　坂上めぐみ　佐瀬遥香　鈴木あさひ　関紗也乃　高田彩菜　瀧山響子
田澤愛実　田中真悠　田山礼真　玉井里奈　鶴岡蒼也　道玄萌　富永啓
中島魁星　永田健太　夏山千穂　平池輝　日吉理咲　星明里　峯岸美有　森脇隆登

Proofreader 文字工房燦光

微習慣的力量

出　　版／楓葉社文化事業有限公司
地　　址／新北市板橋區信義路163巷3號10樓
郵政劃撥／19907596 楓書坊文化出版社
網　　址／www.maplebook.com.tw
電　　話／02-2957-6096
傳　　真／02-2957-6435
翻　　譯／許郁文
責任編輯／王綺
內文排版／楊亞容
港澳經銷／泛華發行代理有限公司
定　　價／350元
初版日期／2023年6月

なぜかうまくいく人の「秘密の習慣」
NAZEKA UMAKUIKUHITO NO
"HIMITSU NO SHUKAN"

Original Japanese edition published
by Discover 21, Inc., Tokyo, Japan
Complex Chinese edition published
by arrangement with Discover 21, Inc.